Découvrez l'histoire par les archives de presse

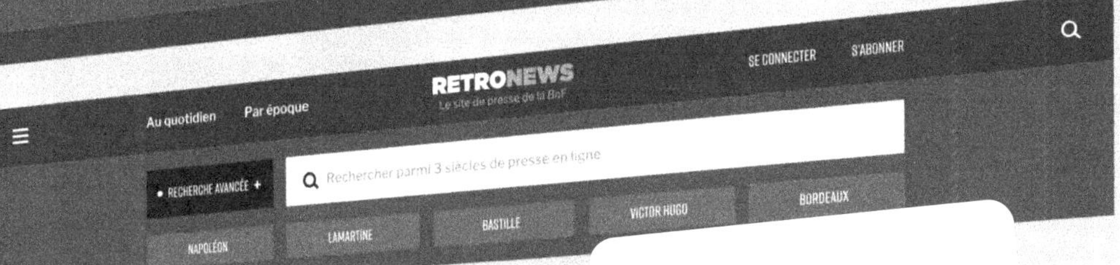

RETRONEWS

Le site de presse de la BnF

www.retronews.fr

MÉMOIRES

LUS

A LA SORBONNE

DANS LES SÉANCES EXTRAORDINAIRES

DU COMITÉ IMPÉRIAL

DES TRAVAUX HISTORIQUES ET DES SOCIÉTÉS SAVANTES

TENUES LES 14, 15, 16 ET 17 AVRIL 1868

ARCHÉOLOGIE

PARIS

IMPRIMERIE IMPÉRIALE

M DCCC LXIX

MÉMOIRES

LUS

A LA SORBONNE

ARCHÉOLOGIE

L'Administration de l'Instruction publique déclare qu'elle laisse à chaque auteur la responsabilité de ses doctrines et de ses assertions.

MÉMOIRES

LUS A LA SORBONNE.

NOTICE

SUR

LES ANTIQUITÉS LACUSTRES

DE LA SAVOIE,

DERNIÈRES DÉCOUVERTES (1867).

PAR M. L. RABUT,

PROFESSEUR DE DESSIN,
MEMBRE FONDATEUR DE LA SOCIÉTÉ SAVOISIENNE D'HISTOIRE ET D'ARCHÉOLOGIE,
MEMBRE DE LA COMMISSION DÉPARTEMENTALE DU MUSÉE DE CHAMBÉRY, ETC.
OFFICIER D'ACADÉMIE.

L'importance et les heureux résultats des fouilles qui ont été faites, cette année, dans les emplacements à pilotis du lac du Bourget méritent d'attirer l'attention des archéologues.

La Commission du musée départemental de Chambéry a fait des dépenses relativement considérables pour faire pêcher pendant toute l'année. Ses collections d'antiquités lacustres commencent à devenir utiles pour l'étude.

Le comte J. Costa de Beauregard a fait faire des pêches qui ont été également nombreuses et productives. Avec une somme modeste, j'ai fait exécuter des fouilles dont les résultats ont été réservés au musée impérial de Saint-Germain. Enfin j'ai continué, à mes propres frais, des explorations qui ont donné des objets d'industrie nombreux et variés. Les explorations ont été facilitées, cet hiver, par une grande baisse des eaux du lac.

Parmi les nombreux débris d'industrie qui ont été retirés des emplacements lacustres, j'ai dû faire un choix et ne prendre que les objets les plus propres à exciter la curiosité des amateurs d'archéologie, étant obligé de limiter le cadre de cette communication.

Les bijoux, les objets de parure, nous auraient menés trop loin par leur nombre et leur variété; les épingles seules ont fourni dix types nouveaux. Le nombre des anneaux ornés, de différentes grandeurs, torques, anneaux de jambes, bracelets d'enfant, bagues ornées, a aussi augmenté, quoique dans de moindres proportions. Le goût de la parure chez les populations lacustres a encore été confirmé par la découverte de nombreux grains de collier de bronze, d'ambre, de pierre polie, de verre de couleur et de terre vitrifiée. Ces derniers grains sont décorés, les uns, d'émaux de couleur rouge et jaune, les autres, d'anneaux de métal incrustés.

La civilisation et l'industrie des populations lacustres nous ont paru encore plus avancées, par les découvertes de cette année. Deux fonderies de bronze, découvertes, l'une à Conjux, l'autre à Grésine, nous ont appris que ces populations fabriquaient elles-mêmes les instruments et les armes qui servaient à leur conservation et à leur défense. La fonderie de Conjux a donné des moules, en mollasse, de hache, de plaque circulaire, de bouton orné et de faucille; celle de Grésine a fourni des moules d'anneau et un autre moule très-curieux : c'est un prisme quadrangulaire droit, de mollasse; sur chacune de ses faces se voit un moule d'objet différent, moule de grande hache, moule de tête de lance, moule de hache à ailerons et moule de lame de poignard. La base supérieure servait pour couler le bronze dans les quatre moules.

Les soins du ménage ont eu aussi leurs preuves dans les découvertes nouvelles. On a pêché une provision de grains de millet carbonisés, qui adhéraient encore au fond du panier de jonc qui les contenait. Des fragments de pain brûlé, de la pâte carbonisée contenue dans une forme de bois et recouverte d'un tissu de paille tressée, ont révélé d'un autre côté un soin de la nourriture qu'on soupçonnait déjà. Tous ces objets, et bien d'autres dont je ne puis donner ici le catalogue, seront décrits dans un troisième mémoire, que je prépare.

J'arrive maintenant aux objets dont j'ai voulu réserver la description et les dessins pour cette réunion. Ces objets proviennent des cités lacustres du Saut-de-la-Pucelle (Tresserve), de Grésine, de Châtillon et de Conjux. Cette dernière cité a été explorée pour la première fois au commencement du mois d'août dernier. Elle s'étend sur une ligne parallèle aux bords du rivage, à une distance de 200 mètres environ, sur un alignement qui va du village de Conjux aux rochers de Châtillon, dans la direction de l'église de Chindrieux. Cette cité pouvait correspondre, au moyen de signaux, avec la cité lacustre de Châtillon, dont elle est distante d'environ 1,800 mètres. Elle est aussi riche et aussi considérable que les autres. Dès le premier jour d'exploration, j'y ai pêché un beau couteau à douille, qui est au musée impérial de Saint-Germain. Une cabane de cette cité était tapissée d'une couche de terre fine, bien pétrie et durcie à sa surface par un enduit. Sur la surface unie de cette couche de terre étaient tracés de nombreux ornements géométriques. J'ai recueilli plus de quarante fragments de cette terre ornée, à l'aide desquels on pourra rétablir la décoration intérieure de la cabane.

Poteries.

Les poteries de l'emplacement à pilotis de Conjux sont généralement d'une terre plus fine, mieux tamisée, et terminées avec plus de soin. Des formes d'un galbe nouveau caractérisent quelques petits vases; des fragments d'assiettes portent des ornements géométriques peints sur leurs surfaces intérieures. Diverses poteries sont garnies de nombreuses pièces d'applique en étain. A toutes ces poteries étaient associés des poinçons, des épingles, des aiguilles, des couteaux à douille, des bagues ornées, des anneaux de différentes grandeurs, des meules, des marteaux, des fusaïoles et des grains de collier, des fruits et des ossements, comme dans les autres emplacements.

Les poteries à ornements peints ou dessinés sont assez rares dans les cités lacustres.

On a trouvé à la cité de Châtillon un bord de plat ou d'assiette d'une couleur grise; les ornements qui ont été tracés sur la surface avec un enduit noir forment un caisson ou quadrilatère irrégulier, au centre duquel est tracé un cercle. Six pyramides, dont les sommets convergent vers le centre du cercle, sont disposées sur les côtés du caisson. Le caisson était alterné avec d'autres figures, dont il ne reste qu'une faible partie.

Un autre bord d'assiette provenant de la même localité est revêtu d'un engobe rougeâtre; l'ornement qui le décore est un rectangle, dans lequel sont deux losanges semblables inscrits.

La cité de Conjux a fourni un fragment de plat dont la pâte est grise, peu cuite et recouverte d'une légère couche argileuse jaune clair. Des ornements peints en noir sont disposés sur deux doubles bandes, qui se réunissent à angles presque droits. Ces bandes sont occupées par des caissons alternés avec des espaces unis; dans quelques-uns sont disposés des rectangles semblables inscrits. Un de ces caissons est divisé en quatre carrés égaux contenant chacun un petit prisme dont la base repose sur un côté du caisson. Un autre contient une espèce de croix irrégulière. A première vue, on prendrait ces ornements pour des lettres.

Les poteries qui portent des pièces d'applique en étain sont les plus curieuses de nos emplacements à pilotis. La cité de Conjux en a déjà fourni plusieurs. L'étain en est très-pur et ne contient qu'une petite quantité de fer; les feuilles ont été battues très-habilement au marteau, et sont aussi régulières que si elles eussent été laminées. Elles ont été ensuite coupées avec des ciseaux. Il est facile de s'en assurer par le biseau latéral qu'elles présentent sur une face, dans les petits losanges surtout. Elles ont été collées avec une substance résineuse, qui est encore fusible et très-inflammable.

Je dois ces observations à l'obligeance de M. A. Meillet, de Poitiers, qui m'a adressé un travail très-intéressant pour l'histoire de l'industrie des populations lacustres; c'est une série d'analyses et d'observations sur la fabrication des poteries lacustres au point de vue technique.

Un fragment de bord de plat est encore garni de deux lamelles d'étain; une troisième lamelle, qui devait occuper le bord extrême, a été perdue.

Un autre fragment appartenait à une assiette fabriquée avec

beaucoup de soin. Sur sa surface unie et lustrée, on aperçoit encore un rang de petits losanges, qui allait du bord au centre de l'assiette, en décrivant une légère courbe. Ce rang de losanges était lui-même bordé par d'autres lamelles d'étain, qui ont disparu et n'ont laissé que le mastic qui les fixait. Le contour de l'assiette était aussi bordé de lamelles comme le fragment précédent. Ces poteries ont été pêchées à Conjux.

La plus belle et la plus curieuse poterie est le vase élégant (pl. 1, fig. 1), décoré de nombreuses pièces d'applique en étain. Il a été pêché dans le même emplacement. Le bord supérieur de ce vase est garni de deux lamelles; au-dessous court intérieurement un rang de chevrons formés de plusieurs fils très-finement découpés. A l'extérieur, le sommet de la panse est décoré d'abord par trois lamelles légèrement espacées. La première garnit l'angle rentrant formé par le rebord et le commencement de la panse. La deuxième lamelle est perlée: elle doit ce détail décoratif à un cordon pointillé qu'elle recouvre. La troisième lamelle est tout unie. Au-dessous court une frise ornée d'un rang de trois chevrons superposés. Sur la partie la plus saillante du vase, deux rangs parallèles de petits losanges sont entourés d'une lamelle plate et unie. Quatre autres bandes d'étain disposées en croix reliaient la base avec l'ensemble de la décoration, et divisaient la partie inférieure du vase en quatre segments égaux. Il ne reste plus de ces dernières lamelles que la trace visible de la résine qui les fixait. Dans la galerie de l'histoire du travail, à l'Exposition universelle, M. le comte J. Costa de Beauregard a exposé sous le n° 339 une poterie avec pièces d'applique en étain.

Objets de pierre.

Les objets représentés pl. I, fig. 2, 3, 4 et 5, sont des amulettes ou bouts de colliers. Ce sont les pièces qui venaient tomber sur la poitrine et remplaçaient, à cette époque reculée, la croix et les cœurs que portent actuellement les femmes de nos campagnes. Cet usage est très-ancien; et il a été commun à plusieurs peuples. Les femmes des Égyptiens, celles des Romains, portaient aussi un symbole ou ornement suspendu à leur cou. On a pêché de ces pierres travaillées dans presque tous les emplacements à pilotis du lac du

— 6 —

Bourget. Elles ont généralement la forme d'un prisme droit quadrangulaire. Les pierres fig. 2 et 3 ont été pêchées à Châtillon; le
trou qui servait à les suspendre n'a pas été terminé. La plus grande
est un grès d'une teinte grise; les angles y ont été abattus et arrondis. L'autre est un grès bleu d'un grain très-fin; les arêtes y sont
plus vives et plus accusées. La petite pierre rougeâtre fig. 4 provient de Conjux; c'est un porphyre rouge; sa base est une ellipse,
et sa partie supérieure est arrondie.

La cité de Tresserve a fourni des bouts de colliers de pierre grise,
et la pièce représentée figure 6; laquelle est de grès rougeâtre.
Enfin Grésine vient de me fournir un bout de collier semblable.
Le trou qui servait à le suspendre communique avec la base supérieure par une autre ouverture. Quelques archéologues considèrent
ces pierres comme des polissoirs ou des pierres à aiguiser.

Une pièce de serpentine polie et en forme de coin a été trouvée
à la cité de Châtillon. L'emplacement de cette cité avait déjà fourni
une hache de serpentine, que j'ai fait connaître dans mon deuxième
mémoire; il vient encore de nous fournir deux ciseaux dont les
emmanchements étaient probablement de bois de cerf. On a aussi
pêché dans cet emplacement deux racloirs de silex, analogues à ceux
qu'on trouve si fréquemment dans les ateliers celtiques du Poitou.
La fusaïole fig. 7 de la même localité est de pierre calcaire d'un
blanc mat.

Plusieurs pierres à rainures (fig. 8 et 9) ont été pêchées dans
l'emplacement de Grésine. La forme et la matière de ces pierres
sont différentes; leurs usages comme outils devaient aussi différer.

On devait se servir de la pierre fig. 8 pour frapper sur un
instrument propre à tailler, sur la tête d'un ciseau, par exemple:
dans ce cas, la rainure devait servir pour l'emmanchement, et les
nombreuses traces de coups que portent les bases creusées s'expli-
queraient. C'est une amphibolite d'une teinte verte et noire; elle
a été polie. Une autre pièce ayant dû servir au même usage est de
grès dur et d'une forme sphéroïdale régulière; sa surface n'a pas
été polie.

Un instrument de quartzite porte une large rainure, qui indique
un emmanchement plus solide; ses bases contondantes indiquent

qu'il devait servir pour frapper : c'était ou un casse-tête ou un outil à broyer le grain.

Le disque fig. 9 est de mollasse. Sa rainure devait servir à le faire tourner sur son axe; un mouvement rotatoire, comme celui d'une poulie, est encore indiqué par deux trous peu profonds qui existent aux extrémités de l'axe. Cet instrument a pu servir comme polissoir ou comme meule à aiguiser.

Le quartzite pl. II, fig. 10, a la forme d'un cube irrégulier; la face inférieure est plus large; elle est plate et unie comme celle d'une pierre à broyer, tandis que la face opposée est creuse et paraît avoir servi à frapper sur un ciseau; les faces latérales portent aussi des traces de coups. Cet instrument a une teinte blanche et jaunâtre à sa base, une teinte gris foncé à sa partie supérieure.

Objets de bronze.

Rien, jusqu'à présent, n'a pu nous faire connaître comment les instruments de métal ont été introduits chez les anciens habitants de la Savoie. Les peuplades lacustres fabriquaient elles-mêmes leurs outils, leurs armes, leurs objets de parure : c'est un fait acquis et confirmé par les dernières découvertes; mais on ne peut dire encore d'où leur était venue cette industrie? Le cuivre pouvait être exploité dans le pays même; mais l'étain qui entrait dans la composition du bronze venait de l'étranger. La fabrication des outils et des armes de bronze fut toutefois un grand progrès pour la civilisation des populations lacustres; avec les armes, ces populations augmentèrent leurs moyens d'attaque, de défense et de conservation; avec les outils, elles purent se livrer à la culture des terres. Le sol conquis, les bêtes féroces chassées ou détruites, les populations n'avaient plus de raison de continuer à séjourner dans des cabanes isolées de la terre : aussi les habitations lacustres paraissent-elles avoir cessé d'exister avec l'âge de fer.

Les découvertes d'outils et d'armes dans les emplacements à pilotis ont été assez nombreuses cette année. On a trouvé environ dix ou douze faucilles dans diverses localités du lac du Bourget. Elles sont variées de forme et de grandeur, presque toujours recourbées en arc de cercle, excepté une faucille droite, dont le dos seul est légèrement coudé. Elles s'emmanchent, les unes au moyen d'un bouton en relief, comme la faucille fig. 12, les autres au moyen d'un trou-rivet, comme la faucille fig. 11. Des nervures renforçaient la lame dans toute sa longueur. Le tranchant est parfaitement aiguisé.

La cité de Tresserve a fourni deux faucilles; on en a trouvé trois dans les emplacements de Grésine.

Conjux a fourni un moule de faucille de mollasse. La petite scie de bronze fig. 15 provient du même endroit; elle est percée, à chacune de ses extrémités, d'un trou-rivet qui servait pour son emmanchement : ces instruments sont très-rares; les cités lacustres de la Suisse n'en ont fourni qu'un très-petit nombre.

L'outil fig. 13 est un marteau à douille provenant de la baie de Grésine. La partie contondante est bien arrondie; un anneau latéral servait à assujettir l'instrument et à l'empêcher de quitter son manche. Deux arêtes intérieures empêchaient le bois de tourner dans la douille. J'ai figuré au trait l'emmanchement de ce marteau : on peut voir au musée impérial de Saint-Germain des manches de bois coudés qui ont cette forme, et que j'ai pêchés dans les mêmes localités.

La pince à épiler fig. 14 est semblable à celles qu'on a trouvées dans les lacs de la Suisse : celle-ci a été pêchée dans l'emplacement de Grésine.

Les deux poinçons ou alênes fig. 16 et 17 proviennent de la station du Saut-de-la-Pucelle; la pointe de ces outils est aiguisée et pourrait encore servir pour perforer. Le poinçon fig. 17 était emmanché quand on l'a trouvé. Il était entouré d'un petit bois et engagé dans un os; le bois a séché à l'air, et l'outil est sorti de sa gaîne. Un os travaillé, qui a dû être affecté au même usage, a été pêché à Châtillon; cet emplacement a encore fourni un bois blanc (fig. 18), travaillé au couteau et percé d'un trou pour l'emmanchement d'un poinçon.

Un ciseau à douille a été pêché dans le petit emplacement de Grésine. Cet outil, de forme quadrangulaire et presque neuf, a une teinte jaune et brillante comme l'or.

L'outil fig. 19, provenant du Saut-de-la-Pucelle, est un couteau ou tranchet d'une forme nouvelle : la lame est arquée et aiguisée en pointe; elle est percée d'un trou-rivet pour son emmanchement. Cet outil pouvait servir à divers usages.

Un outil analogue, mais plus simple, a été pêché à Conjux. Il s'emmanchait de la même manière; il diffère par le bout de la lame, qui est arrondi.

Rien n'est plus gracieux et plus coquet que le couteau pl. III, fig. 20, provenant de l'emplacement du Saut-de-la-Pucelle; la lame et le manche ont été fondus d'une seule pièce; l'extrémité du manche est percée d'un trou, qui servait à suspendre l'instrument. Le dos de la lame est orné de lignes parallèles et de lignes croisées; le groupe des dernières lignes figure exactement un chiffre romain (XXII). Le manche est ondulé et formé de trois gorges, garnies chacune de trois filets en relief; chaque gorge est alternée avec un boudin orné d'un rang de points creux. Un autre couteau, plus petit, plus simple, sans ornement, a été trouvé au même endroit; on ne peut comprendre qu'une autre main que celle d'un enfant ait pu s'en servir. On peut voir dans une vitrine du musée de l'hôtel de Cluny un couteau de bronze analogue par sa forme et ses dimensions. On dit qu'il a été trouvé dans les environs de Besançon. Il a été donné au musée par M. de Saulcy.

Les armes lacustres sont rares : on comprend que la première chose que les habitants d'une cité devaient chercher à sauver dans un incendie c'étaient leurs armes. Celles que j'ai eu le bonheur de trouver jusqu'à présent sont : une lame de poignard, une lame d'épée; des pointes de flèche, une pointe de javelot, tous ces objets de bronze; un beau couteau-poignard de fer, une tête de lance du même métal et un fer de gaffe ou d'épieu.

La lame de poignard (pl. III, fig. 21) provient du grand emplacement de Grésine; elle est d'une conservation parfaite; les deux tranchants sont aiguisés et ont été repliés près du manche par un froissement accidentel; deux trous-rivets ont été pratiqués dans la tige pour l'emmanchement.

La lame d'épée (fig. 22) provient du Saut-de-la-Pucelle. Elle était associée au fer à douille fig. 22, à une tête de lance, et à des grains de collier en verre, que je ferai connaître plus tard.

Cette lame est bien conservée; elle a 34 centimètres de longueur. La tige plate est percée de plusieurs trous-rivets. La fonderie celtique de Clarafond a fourni des fragments d'épée ayant la même forme. Une lame analogue, mais un peu plus longue, trouvée dans un tombeau à Sainte-Marie-de-Cuine, en Maurienne, fait partie de la collection de M. Vuillermet.

Les deux lamelles triangulaires, pl. III, fig. 24, provenant de la cité de Conjux, sont des têtes de flèche; j'ai déjà fait connaître dans mon deuxième mémoire deux pointes analogues; mais je n'en connaissais pas encore l'usage. M. G. de Mortillet m'a cité depuis plusieurs têtes de flèche semblables, qui sont au musée impérial de Saint-Germain, et qui proviennent de la cachette de bronze de *Larnaud.*

Objets de fer.

Un couteau-poignard de fer (fig. 25), pêché au Saut-de-la-Pucelle, vient confirmer l'exemplaire de M. le docteur baron Despine, publié dans mon premier mémoire[1]. Celui-ci a la même forme, la même grandeur, le même nombre de clous au manche. Il diffère par la garde, qui est sans ornements de bronze, et par le dessin gravé sur le pommeau. Ce dessin représente une croix formée de quatre triangles isocèles, réunis par leurs sommets; la surface des triangles est couverte de petits traits parallèles. L'industrie lacustre de ce beau couteau est encore confirmée par l'exemplaire de M. Forel, trouvé dans la cité lacustre de Morges.

Un fer de lance a été pêché au Saut-de-la-Pucelle. Il est très bien conservé. Une nervure médiane divise cette arme dans le prolongement de la douille.

Le dernier objet provenant du Saut-de-la-Pucelle est un fer de gaffe ou d'épieu (fig. 23). Sa tige est quadrangulaire; elle est aiguisée d'un côté et se termine de l'autre par une douille. Une pièce semblable a été pêchée dans la baie de Grésine par M. le marquis Costa de Beauregard. Diverses opinions ont été émises sur l'usage

---

[1] Le poignard de M. le docteur baron Despine a été pêché à Brison-Saint-Innocent, dans un emplacement à pilotis qui n'a pas encore été exploré. Un renseignement inexact me l'avait fait donner comme venant de la baie de Grésine.

de cette arme. M. Costa de Beauregard l'appelait un araire (séance du congrès scientifique de France à Chambéry). Un archéologue de la Suisse le considérait comme un fer de gaffe. On pourrait encore y voir une pointe d'épieu, arme utile pour la chasse à l'ours : cette opinion a paru plus vraisemblable, par la découverte, qui a été faite dans le même emplacement, de dents incisives et d'une mâchoire d'ours de forte taille.

Les explorations lacustres commencent seulement sur le territoire de la France; en peu de temps on verra les musées s'enrichir des débris de l'industrie d'une population très-ancienne. Les usages révélés par les explorations faites dans les dolmens sont des usages funéraires; les habitations lacustres nous font connaître les usages de la vie, les mœurs, l'industrie, les passions même de populations dont on ignorait l'existence il y a peu d'années.

Espérons que ces découvertes exciteront le zèle et l'émulation des explorateurs et jetteront un jour nouveau sur notre histoire nationale.

DOLMENS,
PIERRES LEVÉES ET POLISSOIRS

DU VENDÔMOIS,

PAR M. LAUNAY,

PRÉSIDENT DE LA SOCIÉTÉ ARCHÉOLOGIQUE DU VENDÔMOIS,
CORRESPONDANT DU MINISTÈRE DE L'INSTRUCTION PUBLIQUE.

Le Vendômois renferme un assez grand nombre de *dolmens*, *polissoirs* et gisements de pierres taillées. Nous en donnons ici la description.

Nous diviserons les dolmens par groupes, suivant qu'ils sont placés le long des cours d'eau, ou dans l'intérieur des terres. Les principaux sont ceux qui longent la rivière du Loir et la rivière de la Petite-Cisse, qui se jette dans la Loire au-dessous de Blois. Ces derniers appartiennent à une portion de l'arrondissement de Blois qui dépendait autrefois du Vendômois : c'est à ce titre que nous les faisons figurer ici. Outre ces deux groupes, nous en trouvons quelques-uns le long de petits ruisseaux ou dans l'intérieur des terres.

Nous dirons, avant d'entrer en matière, qu'aucun des dolmens que nous allons citer n'offre de traces des tumulus ou mottes de terre qui recouvrent un grand nombre de ceux dont nous avons lu ailleurs la description, à moins qu'on ne considère comme indice de tumulus le petit exhaussement du terrain sur lequel nos dolmens sont généralement placés. Nous dirons aussi que la plus minutieuse attention ne nous a point fait découvrir ces prétendues rigoles destinées à l'écoulement du sang des victimes. La table offre souvent des cavités qui ont pu prêter à cette interprétation.

I.

DOLMENS DES BORDS DU LOIR.

En remontant le Loir, de Vendôme à la limite du département, nous rencontrons cinq dolmens, dont quatre sont situés sur la rive droite du Loir et un sur la rive gauche. Nous les décrirons suivant l'ordre dans lequel ils se présentent.

Ces dolmens sont en grès poudingue du terrain tertiaire inférieur, et reposent sur les dépôts quaternaires (diluvium) de la vallée du Loir, renfermant des silex taillés non polis. Les pierres, en général, n'ont pas exigé de longs transports, ayant été prises sur les lieux mêmes.

Premier dolmen (Pezou).

Ce premier dolmen est situé à 3 kilomètres au nord-est de Pezou, entre la route impériale et le chemin de fer, et à peu de distance du Loir. Il se compose d'une table de 2^m,60 de long, de 1^m,40 de large et de 1 mètre environ dans sa plus grande épaisseur. Cette table, très-rugueuse en dessus et presque unie en dessous, était montée sur trois supports; les deux supports latéraux sont renversés, et le troisième, encore debout, est appuyé à son extrémité sud-est.

Deuxième dolmen (Fréteval).

Le deuxième dolmen est situé à 2 kilomètres du précédent, entre le chemin de fer et le Loir, sur la commune de Fréteval. La table, de 3 mètres de long sur 2 mètres de large et 0^m,75 d'épaisseur, est renversée depuis plusieurs années auprès de ses deux supports, qui la maintenaient dans une position inclinée, l'une de ses extrémités s'appuyant sur le sol.

Troisième dolmen (Saint-Hilaire-la-Gravelle).

En continuant à remonter le cours du Loir, sur la rive droite, à 300 mètres environ au sud de Saint-Hilaire-la-Gravelle, on rencontre, dans un champ très-cailloûteux, un petit dolmen, du nom de *la Couture*, composé de trois supports, formant une cella de 1 mètre de large sur autant de profondeur et de hauteur, et dont l'ouverture est au midi. La table, de 1^m,50 de long sur 1 mètre de large, est renversée sur le sol, auprès des supports encore debout.

Quatrième dolmen (Saint-Hilaire-la-Gravelle).

Situé à 1 kilomètre au nord de Saint-Hilaire-la-Gravelle, sur le bord d'un chemin, le dolmen du *Langot*, du nom d'un moulin qui l'avoisine, présente une table horizontale, de forme hexagonale irrégulière, mesurant 2^m,70 de long sur 1^m,70 de large et 0^m,80 dans sa plus grande épaisseur, assez unie en dessous et très-accidentée en dessus. Orientée de l'est à l'ouest, dans sa plus grande longueur, cette table est montée sur trois supports de 1^m,15 à 1^m,50 de long et de 0^m,80 de hauteur, avec lesquels elle n'a presque qu'un seul point de contact. Une quatrième pierre est debout, un peu en dehors de la table. La cella, de 1^m,55 de large sur 1^m,70 de profondeur, a son ouverture au midi. Des fouilles faites devant nous à l'intérieur ont démontré que d'autres avaient été pratiquées antérieurement. Les terres, remuées avec soin, ont mis à découvert quelques fragments de briques à rebords, de poteries et d'ossements.

Cinquième dolmen (Brévainville).

A 150 mètres environ à l'est de la rive gauche du Loir, et à 6 kilomètres à l'ouest de Brévainville, au lieu dit *le Breuil*, on trouve le dolmen de ce nom, placé sur un monticule entouré d'un terrain marécageux. Un assez grand nombre de blocs disséminés autour, sans symétrie, ont pu faire croire à la disposition d'un cromlech; mais la présence, dans le même champ, de plusieurs autres pierres répandues çà et là détruit cette supposition. La table a 3^m,35 de long sur 2^m,30 de large et 0^m,70 d'épaisseur; elle est de forme très-irrégulière et est montée sur trois supports, qui varient de 1^m,20 à 1^m,80 de long sur 0^m,80 de hauteur. Elle n'a qu'un seul point de contact avec deux de ces supports. Le troisième présente une échancrure dans laquelle vient s'adapter exactement une protubérance de la table. Son orientation dans sa plus grande longueur est du nord au sud, et l'ouverture de la cella est au nord-nord-est; des fouilles pratiquées à l'intérieur n'ont rien fait découvrir.

Une voie romaine passait dans la plaine, à peu de distance de ces cinq dolmens. Le dernier, celui *du Breuil*, était tout voisin d'une construction gallo-romaine, dite le *Château de la Barrière*.

II.

DOLMENS DES BORDS DE LA PETITE CISSE.

Les dolmens que nous allons décrire, au nombre de cinq, sont situés sur les bords de la Petite Cisse, rivière coulant de l'ouest à l'est, entre deux coteaux peu élevés et assez resserrés. Le terrain sur lequel ils reposent est le calcaire de Beauce, et leurs pierres sont empruntées aux roches de ce calcaire, parmi lesquelles se trouvent quelques blocs de silex meulière qui sont de la même formation. On trouve une grande quantité de ces pierres calcaires sur les deux rives de la Petite Cisse.

Premier dolmen de Landes.

Ce dolmen est situé à 1 kilomètre à l'ouest de Landes, canton d'Herbault, et à 100 mètres environ de la rive gauche de la Cisse, sur le revers du coteau. La table, de 4 mètres de long sur 3 mètres de large et 0^m,70 d'épaisseur, n'est plus appuyée que sur deux supports peu élevés au-dessus du sol, les autres ayant été renversés. Elle est orientée du nord au sud. Huit pierres, distantes de 1^m,50 à 2 mètres de la table, semblent former autour un cromlech.

Deuxième dolmen de Landes.

Le second dolmen de Landes, situé sur la même rive et à 1,200 mètres environ à l'est du bourg, présente une table de 3^m,60 de long sur 3^m,40 de large et 0^m,60 d'épaisseur, sensiblement inclinée du sud au nord. Cette table, montée autrefois sur sept ou huit supports, ne s'appuie plus maintenant que sur trois, de hauteurs différentes. Les autres gisent renversés sur le sol, et l'on a lieu de s'étonner que l'équilibre puisse encore être maintenu. L'élévation de la table au-dessus du sol est de 1^m,30 au sud, et de 0^m,60 dans la partie la plus basse au nord. La position de ce dolmen, sur un point élevé du coteau en partie boisé, non loin d'un moulin sur la Cisse, est des plus pittoresques.

Troisième dolmen de Landes.

Situé sur la rive droite de la Cisse et à peu près en face du précédent; ce dolmen se compose d'une table de 3 mètres sur 2 mètres, qui a dû glisser en dehors des supports, restés debout, sauf le principal, qui est renversé. Six blocs de pierre, peu élevés au-dessus du sol, sont rangés à 1 mètre autour, sur un plan elliptique. L'ouverture de la cella au nord est de 2 mètres. L'orientation de la table, dans sa plus grande longueur, est de l'est à l'ouest.

Quatrième dolmen de Landes.

Le quatrième dolmen de Landes, sur la rive gauche de la Cisse, au hameau de Bourges et à 2 kilomètres au nord-est de Landes, dont ce hameau dépend, offre une particularité assez curieuse. La table, horizontalement placée, mesure 4^m,50 de long sur 3^m,50 de large et environ 1 mètre d'épaisseur. Elle est supportée par six pierres rangées sur un plan elliptique et formant une cella de 4^m,10 de profondeur, 3^m,40 dans sa plus grande largeur et 2^m,10 d'élévation. Cet intérieur, de 12 à 13 mètres de superficie, a été utilisé. Les vides peu sensibles entre les supports ont été remplis par de la maçonnerie. L'ouverture à l'ouest, garnie de deux jambages en pierres de taille, a été fermée par une porte, et un four a été pratiqué au fond de la cella, à l'est.

A quelques mètres à l'ouest et au-dessous de ce curieux dolmen, on trouve une belle fontaine, dont la source très-abondante jaillit du milieu de nombreux blocs de pierre de toutes dimensions jetés pêle-mêle sur ses bords.

Dolmen de la Chapelle-Vendômoise.

Nous arrivons au dernier et au plus important dolmen du groupe des bords de la Cisse, dit dolmen de la *Chapelle-Vendômoise*, situé à 2 kilomètres au sud-est de ce bourg et à 120 mètres environ de la route de Vendôme à Blois.

Ce dolmen se compose de deux énormes pierres ou tables placées horizontalement sur sept supports de longueurs inégales, et formant ensemble une cella de 4^m,60 de long, 3^m,20 de large et 2^m,30 d'élévation du sol au plafond. L'une des tables mesure 5 mètres sur 3^m,70, et l'autre 5 mètres sur 2 mètres. Toutes deux ont de 0^m,60 à 0^m,80 d'épaisseur; elles sont assez unies en dessous et très-rugueuses en dessus, sans trace apparente de rigoles. La cella est précédée à l'est d'une autre cellá plus petite, communiquant avec elle au moyen d'uné ouverture de 0ᵐ,60 de large, laissée entre les supports. Deux pierres et une table de 3ᵐ,42 de long sur 1ᵐ,20 de large formaient cette espèce de vestibule ; mais l'un des supports, engagé peu profondément en terre, ayant perdu son aplomb, s'est renversé à l'intérieur, entraînant la table avec lui. Des fouilles pratiquées avec soin dans l'intérieur n'ont amené aucune découverte, et ont démontré que de semblables essais avaient été faits antérieurement.

Ce monument, d'une longueur d'environ 7 mètres, formé de pierres calcaires, très-abondantes dans cette localité, et placé sur le point culminant d'un coteau boisé autrefois, non loin du confluent des deux Cisses, présente à l'œil une masse imposante. Il indiquait jadis la ligne séparatrice du Blésois et du Vendômois[1].

III

Outre ces deux groupes de dolmens, situés le long des rivières, nous en trouvons quelques-uns avoisinant de petits ruisseaux ou des étangs, notamment deux à Huisseau-en-Beauce, placés sur la pente d'un terrain marécageux formé de marne lacustre, et au fond duquel coule un ruisseau.

Premier dolmen d'Huisseau.

Le premier de ces dolmens, à 1 kilomètre au nord-est du bourg

---

[1] Au xiᵉ siècle, la guerre s'étant allumée entre les comtes de Blois et de Vendôme pour la démarcation de leurs frontières, les Vendômois réclamèrent constamment le dolmen comme borne de leur territoire, et le firent reconnaître comme tel, après une victoire remportée dans la plaine où il est situé.

En 1862, la Société archéologique du Vendômois fut informée que ce dolmen était menacé de destruction par le propriétaire, qui en destinait les débris à l'empierrement des routes. La Société mit tout en œuvre pour empêcher cet acte de vandalisme. Grâce à ses démarches, à ses sollicitations, grâce surtout à la générosité du regrettable M. Noël, propriétaire à Saint-Bohaire, ce monument celtique, l'un des plus intéressants de nos contrées, est devenu la propriété de la Société archéologique du Vendômois, qui ne le laissera pas disparaître.

et à quelques mètres du chemin de fer de Vendôme à Tours, a eu
sa table brisée à la fin du siècle dernier. Des vieillards se rappelaient encore, il y a quelques années, s'être abrités dessous dans
leur enfance. La table, d'un grès très-fin, est maintenant divisée en
quatre fragments, renversés sur champ, en dehors des supports.
Elle mesurait 4 mètres environ de long, $2^m,50$ de large et $0^m,60$
à $0^m,70$ d'épaisseur. Les quatre supports, en poudingue, sont encore debout et forment une cella de $2^m,80$ de profondeur sur $1^m,80$
de largeur, ouverte à l'est. Plusieurs blocs sont disséminés autour,
à des distances inégales. L'un de ces blocs présente une particularité que nous croyons assez rare; c'est d'être à la fois un accom-
pagnement du dolmen et un *polissoir*, dont la description viendra
en son temps.

Second dolmen d'Huisseau.

Ce second dolmen est situé sur le revers opposé du coteau, à
300 mètres environ au nord du bourg et sur le bord d'un chemin.
Il se compose d'une table de $1^m,80$ de long sur $1^m,20$ de large et
$0^m,80$ d'épaisseur, montée sur trois supports, dont l'un ne reçoit
pas directement le contact de la table, lequel a lieu au moyen d'une
pierre intermédiaire, placée entre le support et la table.

Dolmen de Nourray.

A 2 kilomètres à l'ouest de Nourray, on rencontrait, il y a quelques mois, une pierre presque enfouie dans un monticule, au
milieu du plateau de la Petite Beauce, autrefois boisé, et à peu de
distance d'un étang. Cette pierre, de $2^m,75$ de long sur 2 mètres
de large et $0^m,50$ d'épaisseur, a été dégagée des terres qui l'obs-
truaient. Ces fouilles ont mis à découvert deux supports, qui font
espérer que l'on en trouvera un troisième au moins, pour les compléter.

Dans le voisinage de ce dolmen, on a trouvé récemment des
débris de poteries, une petite pièce de monnaie et plusieurs sque-
lettes, dont l'un portait des anneaux aux doigts.

On rencontre aussi dans ce lieu un grand nombre de pierres
taillées.

Dolmen de Saint-Martin-des-Bois.

Outre les dolmens placés le long des rivières ou ruisseaux, il y en a qui sont situés dans les terres. Nous allons les faire connaître.

Le premier, à Saint-Martin-des-Bois, apparaît sur un monticule, au point culminant d'un plateau, à 1,500 mètres environ au nord-ouest du bourg. Il se compose d'une table de 3^m,70 de long sur 2^m,60 de large et 0^m,80 d'épaisseur moyenne, orientée de l'est à l'ouest dans sa plus grande longueur. Elle est montée sur cinq supports peu élevés, dont deux ou trois n'ont qu'un seul point de contact avec elle. D'autres pierres, sans soutenir précisément la table, viennent s'appuyer sur les supports, pour prévenir en quelque sorte l'écartement.

Le sol, sous la table, est un composé de terres remuées, atteignant presque jusqu'à la table. De nombreuses pierres sont rangées autour et sont abritées, ainsi que le dolmen, par quelques vieux chênes touffus, formant la limite d'un bouquet de bois.

Nous ne citerons que pour mémoire une autre pierre de grande dimension, qui nous est signalée dans le voisinage de Saint-Martin comme pouvant être la table d'un dolmen. Nous ne nous prononcerons qu'après vérification, ne voulant présenter ici que ce que nous avons vu et dessiné par nous-même.

Dolmen de Vaugouffard, commune de Thoré.

A 3 kilomètres au sud-est de Thoré, sur la pente du coteau, au lieu dit Vaugouffard, on rencontre, au bord d'un chemin, une pierre mesurant 2^m,47 de long et 1^m,50 de large sur une épaisseur moyenne de 0^m,70. Tout nous porte à y voir la table d'un dolmen ayant glissé sur ses supports. Cette pierre, orientée de l'est à l'ouest, est très-accidentée en dessus et assez unie en dessous. Elle présente une inclinaison très-prononcée de l'ouest à l'est. A ce point elle est à fleur de terre; il est par conséquent impossible de reconnaître s'il existe un support au-dessous. A son extrémité nord-ouest, elle s'appuie sur un support, et l'on en voit un autre au sud-ouest, renversé sous elle, ce qui expliquerait sa position inclinée et son glissement en dehors des supports. Cette pierre est un poudingue appartenant au tertiaire inférieur (époque éocène), dont on trouve de nombreux groupes sur le même coteau. On l'appelle, dans le pays, la *pierre Brault*. Une cavité que l'on remarque en avant est le reste d'un fossé creusé il y a environ trente ans, et dans le fond duquel on a trouvé une certaine quantité d'ossements humains. Les terres, rejetées du côté du dolmen, l'ont, dit-on, recouvert en partie. A quelques mètres de là, dans une sorte de ravin formé par les eaux, on voit la base d'un mur en briques cimentées.

Les quinze dolmens que nous venons de décrire ne sont certainement pas les seuls que renferme le Vendômois; nous sommes sur les traces de plusieurs autres.

Pierre levée de Thoré.

Du milieu de la prairie de Thoré, près du ruisseau coulant dans le bas bourg, sort une pierre verticalement posée. Elle mesure $1^m,30$ de hauteur au-dessus du sol, $1^m,35$ de largeur et $0^m,67$ d'épaisseur. Sa forme est celle d'un trapèze aux deux côtés verticaux. L'épaisseur de la pierre, dans la partie supérieure, est traversée par des cavités sinueuses très-prononcées. Sa nature est celle d'un calcaire renfermant une infinité de petits coquillages.

Pierre levée de Vendôme.

A 1 kilomètre au sud du vieux château de Vendôme, et à quelques mètres de la route de Blois, s'élève, au milieu d'une vigne, une pierre trapézoïdale, en plan, mesurant $2^m,30$ au-dessus du sol; $1^m,70$ de large et $1^m,05$ d'épaisseur moyenne. C'est un poudingue dont les parties siliceuses sont à peine reliées entre elles, et qui repose sur un terrain crétacé, voisin du calcaire de Beauce.

IV.

POLISSOIRS DÉCOUVERTS DANS LE VENDÔMOIS.

Le Vendômois, qui, comme on vient de le voir, possède sa bonne part de dolmens, possède aussi une grande quantité de pierres taillées et de haches polies et non polies, dont nous avions l'intention de présenter les différents types. Leur description, accompagnée de dessins, fera le sujet d'un autre travail. Craignant déjà la trop grande extension de celui-ci, nous le terminerons par l'examen des *polissoirs* trouvés dans le Vendômois.

Polissoir trouvé à Mondoubleau.

La figure 1 de la planche IV est le dessin d'un polissoir découvert, en 1865, à 500 mètres au nord-nord-ouest de Mondoubleau, sur le bord d'un chemin. Ce polissoir est formé d'une sorte de poudingue quartzeux rougeâtre. Sa longueur est de $1^m,30$; sa largeur, de $0^m,80$, et son épaisseur moyenne, de $0^m,55$. Sa forme, irrégulièrement convexe, offre, à l'une de ses extrémités D, une partie plane de $0^m,40$ sur $0^m,35$, produite par le frottement. Sur le reste de la surface sont creusées, dans plusieurs directions, huit entailles ou rainures plus ou moins longues et larges, et de profondeurs différentes, les unes arrondies au fond, comme celles qui sont figurées en A et B, les autres anguleuses. Leur longueur varie de $0^m,40$ à $0^m,20$; leur largeur, de $0^m,06$ à $0^m,03$; leur profondeur, de $0^m,05$ à $0^m,01$. La partie polie D est sans doute l'endroit où l'on commençait à dégrossir les haches. Ce polissoir est maintenant au musée de Vendôme.

Polissoir trouvé à Choue.

La figure 2 de la même planche représente un polissoir trouvé dans la commune de Choue, canton de Mondoubleau, et qui fait maintenant partie de la collection de M. le marquis de Vibraye. Ce polissoir offre cette particularité curieuse que des rainures ont été creusées sur ses deux faces. Son poids, de 160 kilogrammes environ, peut le faire considérer, sinon comme un polissoir portatif, au moins comme un objet pouvant être déplacé facilement.

Sa forme est celle d'un ovale irrégulier, mesurant $0^m,66$ sur $0^m,52$ et $0^m,25$ d'épaisseur. La face A présente trois rainures parallèles, dont deux occupent presque toute la longueur de la pierre. Leur largeur est de $0^m,12$, $0^m,09$, $0^m,10$; leur cavité anguleuse mesure $0^m,09$ de profondeur. Leur régularité est remarquable, et leur poli parfait. Cette même face présente trois dépressions ovales, de $0^m,01$ à peine de profondeur et très-polies.

La largeur et la profondeur des rainures sur cette face les ayant fait considérer comme étant hors de service, on aura sans doute usé du procédé de nos ouvriers, qui retournent leur pierre à aiguiser lorsqu'un des côtés est trop endommagé par le frottement. C'est ainsi que la face B offre, à son tour, trois rainures, dont deux parallèles et la troisième inclinée, moins longues, moins larges et moins profondes que celles de la face opposée. Leur coupe est régulière et d'un poli parfait. En C se trouve une dépression oblongue peu sensible, très-unie, ayant dû servir, comme celles de l'autre face, à polir le dessus des haches.

Cette pierre est un poudingue jaunâtre tertiaire, d'une nature assez commune dans le Perche, où, comme la précédente, elle a été trouvée.

Polissoir d'Huisseau.

Ce fragment de polissoir[1] n'a pas dû avoir des dimensions beaucoup plus grandes que celles que nous lui donnons, à en juger par le rapprochement des rainures et par leur longueur, qui s'est conservée presque entièrement. Il mesure $0^m,40$ de hauteur et $0^m,36$ de largeur et d'épaisseur. Son poids est d'environ 100 kilogrammes. Il doit donc être aussi considéré comme un polissoir portatif. Sa nature est celle d'un grès très-fin, susceptible d'un très-grand poli.

La partie A, de $0^m,28$ de long sur $0^m,09$ de large, était d'abord une simple dépression peu profonde, destinée à polir les surfaces des haches. Plus tard, on a pratiqué dans l'intérieur une rainure de $0^m,03$ de large. Les rainures suivantes, interrompues en bas, sont chacune de $0^m,04$ et $0^m,05$ de profondeur. Le fond est très-anguleux, et les parois sont d'un poli parfait. On aperçoit seulement la naissance d'une dernière rainure. Ce polissoir fait partie de la collection du frère Narcisse, instituteur à Huisseau.

Second polissoir d'Huisseau.

Ce polissoir[2] offre une particularité assez rare, nous le supposons du moins : il se trouve à fleur de terre, au pied du dolmen d'Huisseau. A-t-il précédé le dolmen, ou en est-il contemporain ? C'est ce que

---

[1] Voyez planche IV, fig. 3.
[2] Voyez planche IV, fig. 4.

nous n'entreprendrons pas de discuter ici. La partie visible hors
de terre mesure 1^m,50 de long et 0^m,90 de large. On remarque à
sa surface trois rainures, dont deux parallèles, de 0^m,25 de long
sur 0^m,04 de large, et rapprochées l'une de l'autre. Au-dessous se
présente une autre rainure de 0^m,20 de long et de même largeur
que les précédentes. Dans le voisinage des deux rainures, on aperçoit deux dépressions ovales, d'une profondeur peu prononcée et
très-unie.

A quelques mètres de ce polissoir, de grès très-fin, nous avons
récemment trouvé un fragment de hache polie de silex blanc.

Dans la commune d'Huisseau, on rencontre une grande quantité de pierres taillées.

Polissoir sur la pierre dite *Sorcière*, à Villiers-Faux.

A 500 mètres au sud de Villiers-Faux, canton de Vendôme, on
rencontre, à l'angle de deux chemins, sur un monticule, une pierre
énorme[1], de 4^m,20 de long, 3 mètres de large, et saillante de 0^m,80
au-dessus du sol. Sa surface, très-accidentée, laisse voir, à l'une de
ses extrémités A, une partie assez plane, sur laquelle ont été pratiquées quatre rainures, dont deux séparées, B, mesurent 0^m,24 de
longueur et 0^m,06 de largeur. La cavité en est arrondie. Deux autres
en C, primitivement isolées, ont été réunies de manière à n'en
faire qu'une seule, peu profonde, de 0^m,09 de largeur.

Nous ne pensons pas que cette pierre, sorte de poudingue, puisse
être la table d'un dolmen ; ses dimensions en effet auraient nécessité des supports assez élevés, qui, dans l'état actuel, devraient être
très-profondément enfouis dans le sol.

Ce bloc porte dans le pays le nom de *pierre Sorcière*, et donne
lieu, comme tant d'autres, à des légendes plus ou moins bizarres.

Second polissoir de Villiers-Faux.

A 1,500 mètres environ au sud-est de Villiers-Faux, sur le versant d'un coteau et sur le bord d'un chemin, une pierre debout,
en forme de cône tronqué, présente, dans sa partie supérieure,

[1] Voyez planche IV, fig. 6.

une dépression concave très-unie, ayant dû servir au polissage des haches.

Ce bloc de grès poudingue mesure 0^m,70 de hauteur et 0^m,50 d'épaisseur.

Polissoir du château de la Fosse, commune de Fontaine-en-Beauce.

Ce polissoir, de poudingue siliceux [1], a été trouvé à 2 kilomètres au nord-ouest des Roches, servant de borne dans la propriété de la Vallée (ancienne abbaye de la Virginité). Il mesure 0^m,90 de long, 0^m,75 de haut et 0^m,30 d'épaisseur. La face renfermant les rainures est sensiblement plane et presque entièrement couverte par ces dernières, au nombre de neuf. Les trois rainures 1, 2, 3, sont arrondies au fond, les six autres sont anguleuses. Quant à leur longueur, il est impossible de la déterminer exactement, la pierre étant en partie brisée.

Polissoir de Droué.

A 1,200 mètres environ à l'est de Droué, on rencontre une enceinte de 20 ares environ, entourée en grande partie d'un fossé rempli d'eaux vives, alimentées par une fontaine voisine. Cet emplacement, de l'aspect le plus sauvage, est parsemé de blocs de grès de toutes formes et de toutes dimensions. Entre ces blocs, irrégulièrement placés, s'élèvent des chênes magnifiques, qui les couvrent de leur épais feuillage et donnent à ce coin de terre un aspect des plus mystérieux.

A 40 mètres à l'est de cette enceinte, on voit apparaître, dans le voisinage de plusieurs autres, une pierre [2] dépassant le niveau du sol de 0^m,50 à 0^m,60, au point le plus saillant. Orientée de l'est à l'ouest, dans le sens de sa plus grande longueur, elle mesure 2^m,50 sur 1^m,70. La plus grande partie de sa surface, assez unie, présente une série de rainures à peu près perpendiculaires au plus grand axe. Ces rainures, de longueurs différentes, depuis 0^m,65 jusqu'à 0^m,20, offrent des cavités arrondies ou anguleuses au fond, variant

[1] Voyez planche IV, fig. 5.
[2] Voyez planche V.

de largeur depuis 0^m,09 jusqu'à 0^m,04. La plus grande profondeur est de 0^m,05.

Ce polissoir, que nous croyons être d'une espèce assez rare, tant par ses dimensions que par le nombre de ses rainures, qui atteignent le chiffre 25, est de grès à peu près pur. Il porte dans le pays le nom de *pierre Cochée*.

Un assez grand nombre de haches taillées et polies, trouvées autour de Droué et dans les environs, indiquent que cette pierre devait être le grand polissoir de toute la contrée.

Ici se termine la description des dolmens et des polissoirs du Vendômois, qui devrait mettre fin à mon travail, s'il ne me restait encore à parler d'un monument qui a donné lieu à une controverse.

Pierre à rigole de Danzé [1].

A 1 kilomètre au sud de Danzé (Perche), sur le revers du coteau bordant à l'ouest la petite rivière du bourg, on rencontre, parmi plusieurs pierres disséminées dans un champ, un bloc de grès poudingue de 2^m,20 de long, 1^m,60 de large et 1 mètre dans sa plus grande épaisseur. Cette pierre, orientée et inclinée de l'est à l'ouest dans le sens de sa longueur, présente une surface assez unie.

Au tiers environ de sa largeur est creusée une rigole rectangulaire de 1^m,40 de long, 0^m,10 de large dans le haut, 0^m,18 dans le bas, et 0^m,12 de profondeur. Cette rigole, légèrement sinueuse dans son parcours, offre à la jonction de ses parois une netteté assez sensible pour que l'on ne puisse pas la supposer un produit du hasard.

Lorsque cette pierre attira l'attention pour la première fois, sa surface était couverte de mousse et de petites herbes. L'observateur fut frappé en voyant la végétation plus abondante dans une partie longitudinale de la pierre. Désireux d'éclaircir la cause de ce fait, il sonda cette partie, et finit par dégager des herbes et de la terre la rigole, qui n'avait pas vu le jour probablement depuis plusieurs siècles.

---

[1] Voyez planche IV, fig. 7.

Y a-t-il quelque intérêt à ajouter ici que, dans ce lieu sauvage, passait jadis, à quelques mètres de ce champ, une voie romaine, et qu'au-dessous la petite rivière se perd dans un gouffre pour ne reparaître qu'à 6 kilomètres plus loin?

Quelle a pu être la destination de cette pierre ainsi travaillée et accompagnée d'une série d'autres pierres, rangées autour? C'est sur cette question que nous avons cru devoir attirer votre attention.

On a cherché à donner différentes explications. On reconnaît bien la main de l'homme dans cette rigole, mais elle ne pourrait, dit-on, avoir été creusée qu'avec un instrument de métal, vu la grande netteté de la jonction de ses parois, ce qui lui assignerait une date postérieure à celle que l'on serait porté à supposer. On prétend ensuite que, la pierre étant rare dans cette localité, ce sillon a été pratiqué pour la diviser en deux, à l'aide de coins de bois sec que l'on mouille, afin d'opérer la séparation par l'effet de la dilatation du bois.

Nous répondrons :

1° Que cette sorte de pierre est très-commune dans cette localité, et que le champ en question en était encore littéralement couvert il y a quinze ans environ, époque où elles ont été brisées pour être employées à l'empierrement des chemins;

2° Pourquoi, si on voulait séparer la pierre en deux morceaux, ne pas pratiquer la rainure en ligne droite, et ne pas lui donner une égale largeur, au lieu de la faire sinueuse et de largeurs inégales?

3° Quelle nécessité, pour une telle opération, de rendre aussi nette la jonction de ses parois?

Jusqu'à plus ample informé, nous n'admettons pas cette explication; c'est pourquoi nous avons posé cette question, susceptible d'éclairer les archéologues sur la nature de certaines rainures pouvant avoir une origine comparativement récente.

ÉTUDE

SUR

QUELQUES PIERRES SÉPULCRALES

RÉCEMMENT DÉCOUVERTES A ANGERS,

PLACE DU RALLIEMENT,

PAR M. GODARD-FAULTRIER,

MEMBRE DE LA SOCIÉTÉ IMPÉRIALE D'AGRICULTURE, SCIENCES ET ARTS D'ANGERS,
CORRESPONDANT DU MINISTÈRE DE L'INSTRUCTION PUBLIQUE POUR LES TRAVAUX HISTORIQUES.

I

Les travaux publics si multipliés depuis vingt ans ont été une bonne fortune pour l'antiquaire, comme aussi quelquefois ils lui ont causé de fâcheux mécomptes par la destruction de certains édifices. Toute médaille a son revers. Aujourd'hui ne voyons que les avantages.

II

En ce qui concerne Angers, les travaux de la gare du chemin de fer, qu'il nous faut un instant rappeler ici pour les rapprocher de ceux qui ont lieu présentement sur la place du Ralliement, firent, de 1848 à 1855, découvrir l'ancien cimetière gallo-romain, c'est-à-dire une grande quantité d'urnes cinéraires, les plus communes, de terre cuite, les plus rares, de verre. On y trouva également huit cercueils de plomb, dont deux sous cryptes imbriquées, et les autres en pleine terre. Cinq renfermaient des objets appartenant au paganisme; mais trois, par certains signes, tels que le X grec, le chrisme à six rayons, le petit temple à deux colonnes et à fronton triangulaire, parurent se rattacher à l'époque de l'introduction du christianisme à Angers. Le squelette de l'un de

ces cercueils tenait de la main droite un moyen bronze, portant :
IMP CONSTANTINVS P F AVG, et, au revers : PRINCEPS
IVVENTVTIS[1].

Ainsi, dans ce cimetière primitif, deux époques se distinguèrent,
savoir : celle de l'*incinération*, et, plus tard, celle de l'*inhumation*.

On estime que ce fut vers la fin du IVe siècle, quand le christianisme prit de l'essor en Anjou, que ce cimetière, dit *de la Gare*,
dut être abandonné; et, en effet, à part les rares objets chrétiens
que nous avons cités, tout portait en ce lieu une forte empreinte de
paganisme. On n'y rencontra pas de cercueils de pierre, et c'est là
une particularité qu'il est bon de noter. Mais il en va être autrement d'un second champ de repos; celui-ci éminemment chrétien
et où la plupart des cercueils sont, au contraire, des auges calcaires.

C'est de ce lieu, récemment fouillé, que j'ai mission de vous
entretenir, au nom de la Société d'agriculture, sciences et arts
d'Angers.

III

Ce cimetière, dit *de la Place du Ralliement,* pour le distinguer de
celui *de la Gare,* succéda certainement à ce dernier vers le commencement du Ve siècle. A cette époque, il se trouvait en dehors
des murs, c'est-à-dire à l'orient de la plus ancienne enceinte d'Angers et autour de trois de nos plus anciennes églises, savoir : Saint-
Pierre, Saint-Maurille et Saint-Mainbœuf. Il est certain qu'il a été
le premier cimetière chrétien à Angers, et qu'on y enterra jusqu'à
la fin du XVIIIe siècle. Aussi l'épaisseur de la couche de terre propre
à l'inhumation était-elle autrefois de 4 à 5 mètres en moyenne, de
telle sorte que, à diverses époques, notamment en 1821, quand on
construisit le théâtre récemment brûlé, il fut aisé de constater
qu'il avait existé plusieurs étages de sépultures en ce lieu. La même
observation est suscitée par le nouvel abaissement du niveau que l'on
y fait en ce moment, pour la reconstruction de ce même théâtre
sur un plus vaste plan.

---

[1] Voyez notre *Mémoire sur la topographie gallo-romaine du département de Maine-
et-Loire.* Angers, Cornier-Lachèse, 1864.

Ce dernier nivellement a, jusque vers le commencement de février de cette année, mis au jour les objets suivants :

1° Des fragments antiques d'astragales, de frises et de corniches, creusés pour cercueils;

2° Des couvercles de cercueils de calcaire dur, ornés de bandes sculptées;

3° Des dalles d'ardoise avec épitaphes;

4° Des couvercles de cercueils semi-cylindriques et à double toit, en calcaire dur;

5° Des cercueils monolithes en façon de grandes auges et en pierre coquillière;

6° Des cercueils formés de longues pierres d'ardoise, dites de *libage*;

7° Des cercueils à têtière, faits sur place de moellons de tuf mal dégrossis, sans chaux ni ciment;

8° Un petit bouquet d'épis de seigle, noirci par le temps, placé sur le thorax d'un squelette;

9° Une grande croix de plomb dite d'*absolution* ou de *préservation*;

10° Des pots à feu et à encens;

11° Une très-petite urne de terre cuite, au vernis de plomb;

12° Un suaire fait d'une étoffe couleur amadou.

Du reste, point d'armes, telles que poignards, épées, etc.; point de boucles de ceinturon; point d'*umbo*, ni de toutes ces choses qui accusent des sépultures de l'époque franque. Et cependant, nous croyons que plusieurs de ces tombes datent au moins de ce temps-là.

Avant de disserter sur l'âge de nos sépultures, il convient de bien établir l'antiquité des cimetières qui les renfermaient et qui, d'après Péan de la Tuilerie, n'en formaient qu'un seul à l'origine. Ils ne pouvaient manquer d'avoir au moins l'âge des églises qu'ils entouraient. Or Saint-Pierre, la plus ancienne, fut, selon l'auteur précité, « un des premiers lieux où les chrétiens angevins se soient rassemblés pour faire leurs prières, et où les premiers évêques d'Anjou disaient la messe et faisaient même leur résidence. »

L'église Saint-Maurille, un peu moins ancienne, existait cependant dès le premier tiers du v° siècle, puisque l'évêque de ce nom, né vers l'an 350 et mort vers l'an 430, en fit construire la crypte pour y être inhumé.

Quant à l'église de Saint-Mainbœuf, il est certain que l'évêque de ce nom la fit bâtir, voulant y être enterré; or cet évêque, né vers l'an 584, mourut en 664. La fondation de cette église remonte donc au vii° siècle.

Malheureusement ces trois églises *collégiales* ayant été démolies pendant la Révolution, il est devenu impossible d'en apprécier la valeur archéologique autrement que par d'assez pauvres dessins et par quelques restes récemment découverts et aussitôt nivelés; mais leur haute antiquité, malgré les réfections postérieures qu'elles subirent, est incontestable. Pour mieux s'en convaincre, il suffit de se rappeler que plusieurs anciens et saints évêques y furent enterrés, notamment saint Aubin à l'église Saint-Pierre, et à l'église Saint-Maurille un saint Benoît, mort vers 827.

On ne s'étonnera donc pas que de très-anciennes sépultures aient été constatées en ces lieux, dès avant la Révolution, et que d'autres y aient été dernièrement découvertes. Avant de parler de celles-ci, il convient, je crois, de mentionner les premières.

IV

Les traces de ces sépultures existent dans un manuscrit de la bibliothèque d'Angers, de la plume de Bruneau de Tartifume, qui vivait au xvii° siècle, comme aussi dans un dessin d'un M. Audouys, lequel, vers la fin du xviii° siècle, s'occupa beaucoup de nos archives. Ce dessin original est entre les mains de M. Joyau, architecte, qui a bien voulu en faire une copie pour le musée d'antiquités d'Angers. Celle que je présente ici [1] est exactement semblable.

Ce tombeau est ainsi décrit par M. Audouys :

« Dans un caveau sous le chœur de l'église collégiale de Saint-Maurille, à la gauche du chœur, en entrant, existe le plus ancien monument sur lequel nous puissions fonder quelque époque de la religion chrétienne en Anjou; il est l'un des seize tombeaux qui se

---

1. Voyez planche VI, fig. 1.

voient dans les cryptes souterraines pratiquées sous le grand autel
de l'église collégiale de Saint-Maurille d'Angers. On voit le *chrisme* ☧
ainsi que le grand Constantin l'arbora sur l'étendard de l'empire,
mais auquel sont ajoutées les lettres grecques A et Ω, ce qui ne
convient qu'au temps de Magnence, qui, s'étant fait proclamer empereur dans les Gaules, où il se maintint depuis l'année 35o jusqu'en 353, fit ajouter ces deux lettres dans son étendard et sur les
monnoyes. »

Audouys paraît faire remonter la tombe en question jusqu'au
milieu du iv° siècle, ce qui ne serait pas improbable, à cause de son
style, si les caveaux qui la renfermaient dataient de cette époque;
mais il n'a pas pris garde que la crypte dite de *Saint-Maurille* n'avait
été construite que dans le premier tiers du v° siècle. C'est déjà pour
notre tombe un âge assez respectable. J'avoue que je n'en connais
aucune de ce type; elle mérite donc une description spéciale, d'autant mieux que je crois y trouver l'origine des couvercles de cercueils
de calcaire dur, ornés de bandes sculptées, dont je ne tarderai pas
à vous entretenir.

Cette tombe était cuboïde, ornée, à l'arrière, d'un chrisme. Une
large bande longitudinale, traversée par une autre de forme carrée, couvrait le dessus de la tombe. Sur la bande transversale, se
distinguait une échancrure carrée, aux angles de laquelle deux
diagonales aboutissaient en se croisant. Ces deux diagonales, com-
posant un X, étaient traversées par la lettre grecque P et cantonnées,
à droite et à gauche, des deux caractères A Ω. Chacun des quatre
angles supérieurs de ce bloc formait comme une sorte de petit socle,
dont la destination nous est inconnue. Cette tombe appartenait à
la classe de celles qui sont dites *apparentes*.

De ce nombre étaient encore les *tombes à bandes*, dont Bruneau
de Tartifume nous a, depuis deux siècles, conservé la description
et un croquis trop informe pour être reproduit. Ces tombes,
de même que la précédente, existaient dans les cryptes de Saint-
Maurille : « Je me suis fait ouvrir, dit Bruneau[1], une cave en la
quelle on voit trois voultes; en la plus esloignée apparoist un gros

---

[1] Page 36₁ du manuscrit n° 87₁ de la bibliothèque d'Angers.

tombeau de pierre dure ... au costé duquel se voyent deux aultres de pierre dure, taillés au-dessus en cette sorte.... » C'est-à-dire que l'ornement de ces couvercles de tombes se composait d'une bande longitudinale, traversée par trois autres plus courtes, l'une au centre, la deuxième et la troisième aux extrémités. On eût dit que le sculpteur s'était moins préoccupé de tailler une croix que d'imiter l'armature de certains coffres, ou encore les orfrois de certains draps mortuaires. Mais c'est bien d'une croix qu'il s'agit; Bruneau ne nous permet pas d'en douter, puisque, à propos d'autres tombes semblables, qui existaient dans les mêmes cryptes, il déclare y avoir vu des dessus en forme de croix.

V

Ce qui précède rendra plus facile l'explication des *ornements à bandes* de plusieurs couvercles de cercueils de pierre dure, récemment trouvés sur notre place du Ralliement, place qui occupe l'emplacement des anciens cimetières de Saint-Pierre et de Saint-Maurille. Nous ne préciserons pas davantage le lieu de la découverte de ces *couvercles à bandes*, car il serait trop hardi d'affirmer qu'ils étaient plutôt de Saint-Maurille que de Saint-Pierre, les cryptes de ces églises ayant été primitivement unies par des galeries souterraines, ainsi que nous l'apprend Bruneau en parlant de l'évêque Maurille, lequel, dit-il, *alloit par dessoubs terre* d'une église à l'autre.

D'ailleurs, il importe ici fort peu que ces couvercles à bandes aient été rencontrés dans le sous-sol d'une des deux églises plutôt que de l'autre. L'essentiel est de les bien faire connaître et, autant que possible, d'en préciser l'âge.

VI

Un de ces *dessus de cercueils* (tous déposés aujourd'hui au musée d'antiquités) a été taillé dans un bloc de pierre dure parallélipipède, et orné d'une véritable moulure romaine provenant d'une corniche [1]. Le dos de ce couvercle porte sculptée une bande longitudinale prise

---

[1] Voyez planche VII, fig. 1.

entre deux traverses; c'est la forme d'un double *tau*. Ce couvercle n'a
que 1^m,13 de longueur, et cependant il n'a pas été brisé, et, eu égard
à sa largeur, il n'a point dû servir à un enfant. Cette courte tombe
serait pour moi demeurée inexpliquée, si je n'avais eu connaissance
d'une découverte analogue, faite un an plus tôt, et toujours à Angers, mais dans un lieu autre que la place du Ralliement, c'est-à-
dire dans les terrains de l'ancien doyenné de Saint-Laud, découverte
faite lors de la construction de la nouvelle chapelle des capucins.

Ici la sépulture était complète et se composait d'un demi-cercueil
de pierre et de son demi-couvercle orné d'un double *tau*. Les fémurs
et les tibias gisaient en dehors. Particularité remarquable ! ce demi-
cercueil avait été taillé dans un bloc calcaire qui, selon quelques
personnes compétentes, avait dû faire partie d'un grand arceau
de la fin de l'époque romaine. On y distinguait des *patenôtres*, des
perlés, des *rosons* et des *chevrons* [1].

Le sous-sol où cette tombe a été trouvée renferme des débris
de l'époque romaine, provenant d'un vaste *balneum*, auquel succéda, tout auprès, une très-ancienne église priorale et bénédictine,
dédiée à saint Germain d'Auxerre d'abord, et, plus tard, à saint
Laud. La mention de ce *balneum*, démoli depuis des siècles, et de
cette église, détruite pendant la Révolution, n'a d'autre objet, on
le devine, que de bien préciser l'antiquité du lieu où la tombe
dont il s'agit a été découverte.

Une autre tombe, celle-ci de pierre oolithique et trouvée sur
la place du Ralliement, présenta des moulure antiques; elle aussi
avait été creusée dans un bloc provenant d'un édifice romain; on
en peut voir les débris au musée d'antiquités.

A la page 273 du manuscrit de Bruneau, on voit le dessin
d'un bas-relief, qui était long de 3 pieds 5 pouces et large de 1 pied
4 pouces, représentant un cartouche, que soutiennent deux génies
ailés; de leur bras droit ils s'appuient chacun sur un rinceau à tête
de dragon. Au-dessus du cartouche est une feuille tripartite, et, au-
dessous, une tête. Ce bas-relief, aujourd'hui perdu, mais qui existait
en 1623 dans l'église Saint-Pierre, a sur le dessin tous les carac-

---

[1] Voyez planche VII, fig. 2 et 3.

ières d'un fragment de frise antique. Eh bien, on y lisait : *Cy est le tombeau auquel M. sainct René est ressuscité*[1].

Il résulte de ces diverses citations que certaines tombes de nos premiers chrétiens ont été faites de matériaux empruntés à des débris antiques.

A quelle époque cet emprunt s'est-il effectué? Je crois que l'on peut trouver la réponse à cette question dans le titre XII de la loi *De operibus publicis*, où l'on voit que, au commencement du ve siècle, on se servit de pierres de très-anciens édifices pour des œuvres nouvelles.

M. E. Leblant[2] a, lui aussi, remarqué qu'un tombeau chrétien de Cologne, celui du néophyte *Valentinianus*, provenait d'un fragment arraché à quelque ancien édifice. « L'ouvrier, dit-il, n'avait pas même cherché à faire disparaître les ornements sculptés, dont l'élégance accuse le ciseau d'un artiste païen; » et il ajoute : « Le code Théodosien nous expliquera comment ce débris a pu tomber dans les mains du lapicide. »

Puis il cite plusieurs textes, notamment une loi de l'an 408, qui prescrit de renverser, jusque dans les propriétés particulières, tout ce qui a été consacré au culte des faux dieux : « Simulacra.... suis sedibus evellantur ...aræ locis omnibus destruantur; domini [possessionum in quibus templa sunt] destruere cogantur..... Dat. xvii kalend. decemb. Romæ, Basso et Philippo cons. »

« Ainsi peut s'expliquer, continue M. Leblant, l'origine de ce beau fragment : vers le commencement du ve siècle, époque à laquelle me semble appartenir le monument de Valentinien, une immense quantité de débris païens devaient être épars sur le sol et à la disposition du premier occupant. »

A notre tour, nous dirons : ainsi peut s'expliquer, et prendre date au ve siècle, l'origine des tombeaux chrétiens d'Angers faits de débris antiques; et comme il en est deux de cette sorte qui sont à bandes, nous pourrons, je crois, en déduire, par analogie, que ceux de ce type doivent probablement appartenir à ladite époque, alors même qu'ils ne sont pas formés de fragments romains; car

---

[1] Saint René, évêque d'Angers, vivait au ve siècle.

[2] *Inscriptions chrétiennes de la Gaule*, t. I, p. 479.

l'imitation est une loi qui, en tout temps, se manifeste dans les travaux de l'homme.

VII

Par ces considérations, nous croyons pouvoir établir que nos dessus de cercueils doivent être classés dans le laps de temps qui côtoie la fin de l'époque romaine en Anjou et le commencement de l'époque franque (dernier tiers du ve siècle):

Il est à noter que nos tombes à bandes sont les plus rares, qu'elles occupaient la couche la plus basse, et qu'elles sont généralement en calcaire plus dur que d'autres beaucoup moins anciennes.

Leur âge précisé autant qu'il nous a été possible, il nous reste à chercher l'explication des bandes, qui ne peuvent représenter que le signe du chrétien. C'était, du reste, comme nous l'avons dit, l'idée que l'on s'en formait au temps de Bruneau de Tartifume, il y a deux siècles.

Ce signe se manifeste de trois manières sur nos tombeaux :

1° Par une bande longitudinale traversée d'une autre bande vers le milieu ;

2° Par une bande longitudinale traversée de deux autres bandes aux extrémités ;

3° Par une bande longitudinale traversée de trois autres bandes, l'une au milieu, les autres aux extrémités.

Plusieurs personnes ont voulu voir dans ces diverses combinaisons de bandes l'emploi du *tau* mystique. On sait, en effet, que, chez les Juifs, le tau était le signe du salut et la figure anticipée de notre rédemption. Cette forme se conserva dans quelques croix venues d'Orient, notamment dans celle que l'un de nos plus célèbres comtes d'Anjou apporta des saints lieux et qu'il donna généreusement au trésor de Saint-Laud d'Angers (xiie siècle).

Quoi qu'il en soit, d'autres archéologues ne voient, dans la plupart de ces bandes, qu'une simple croix allongée; à cet effet, ils font abstraction des deux bandes extrêmes[1].

La figure 2 et la figure 3 de la planche VI représentent le *dessus* et le *dessous* d'un même couvercle, qui a cela de particulier que

[1] Voyez planche VI, fig. 2.

son revers, creusé seulement de 15 à 16 centimètres, ne pouvait suffire à recevoir un cadavre; d'où il suit que le corps devait être engagé, pour une partie de son épaisseur, dans le creux du couvercle et, pour le reste, dans le cercueil proprement dit.

Ces tombes à bandes avaient l'orient chrétien du solstice d'hiver; ce choix n'était assurément pas arbitraire, car il répondait au temps de Noël, c'est-à-dire au lever du soleil de justice.

A l'intérieur, ces tombes, du moins celles que nous avons pu visiter, ne nous ont rien présenté de particulier.

Il en sera autrement des fouilles faites dans quelques cercueils de pierre d'une époque moins reculée; mais, afin de suivre l'ordre chronologique, il convient de passer à la période carlovingienne.

VIII

L'emploi de l'ardoise avec épitaphes est le principal caractère des *dessus* de tombes de ce temps-là, en Anjou. Nous disons *dessus de tombes*, car les inscriptions qui vont suivre ont été trouvées (toujours sur la même place du Ralliement) la plupart à l'état de fragments et pêle-mêle parmi de très-anciens débris.

I

```
MAVSOLEOFEL▦X RECVBAT ATO ABBA IN ISTO
ORTVS NOBIL▦VM SAT DE RADICE PARENTVM
SED DN̄O COR▦M MERITIS NOBILIOR ALMIS
NAM FVIT A PV▦RO SEMPER PIVS ATQ: MODESTVS
MORIBVS EGRE▦IVS X̄PI MANDATA SECVTVS
OMNIBVS AFFAB▦LIS CVNCTIS IOCVNDVS AMICS
IVIT AD AETHERE▦M LAETVS FELICITER AVLAM
PRO QVO QVI LEG▦IS FVNDITE POSCO P̄CES

        CARVIT PRAE
        SENTEM VITĀ
        VI ID SEP̄TĒBR
        ANN̄ INCARNA
        TION DN̄ DCCC
        XXXV SVB HLVDOVI
        CO IMP̄ R ANN̄ XXII
```

Épitaphe sur ardoise, trouvée dans l'emplacement de l'ancienne église Saint-Mainbœuf. Elle se compose d'une première partie, mentionnant, en lignes métriques, le nom et les vertus d'un abbé *Ato*, puis d'une seconde, indiquant que sa mort arriva le 6 des

-ides de septembre 835, la vingt-deuxième année du règne de l'empereur Louis le Débonnaire.

La date DCCCXXXV renferme une lettre de forme onciale, la lettre D. Le nom de *Ato* était très-répandu au ixᵉ siècle; il fut porté par un parent de Louis le Pieux, *Ato,* abbé de Saint-Hilaire de Poitiers, puis évêque de Saintes; mais cet *Ato* ne peut être celui qui fut enterré à Angers; car on n'eût pas manqué de mentionner, pour ce dernier, sa qualité épiscopale, s'il en avait été honoré.

2

EPHITA + PHION

HICQVIESCTCORPVS

ERMENBERGANE

FE   MI   NA

+

+

Épitaphe sur ardoise, gravée en travers. Elle a été trouvée, en décembre 1867, sur l'emplacement de l'ancienne église Saint-Mainbœuf. On y remarque trois petites croix pattées, dont deux, plombées, saillissent en relief; la troisième, à peu près effacée, est en creux. La hauteur des lettres est de 6 centimètres. A la première ligne, les deux I sont dans l'intérieur des H, et l'O est en forme de losange. La deuxième ligne présente un E carré, un Q à double queue avec enclave des deux lettres V et I. La troisième ligne renferme cinq onciales, savoir : quatre E et un G; la quatrième et dernière ligne, une onciale, E, et deux lettres enclavées, M, I. Le mot *ephitaphion* mérite aussi d'être mentionné.

Le nom *Ermenbergane* est d'origine germanique. Il semble être de même famille que *Hildegarde*, *Ermengardé*, *Wisigarde*.

A quelle date remonte cette courte épitaphe? Quoique ses caractères n'aient plus la beauté des capitales romaines de la tombe de *Ato*, nous la croyons cependant de la même époque carlovingienne; en effet, les mots conjoints, les doubles raies en interlignes, les lettres enclavées, les onciales plus nombreuses, l'O en forme de losange, comme dans le monogramme de nos monnaies d'Eudes frappées à Angers; le C carré, comme dans le monogramme de nos premiers Foulques, sont des éléments qui, séparés, se trouvent en différents siècles, mais dont la réunion se rencontre assez généralement dans le ixe et le xe siècle.

Il y a plus: cette épitaphe daterait du viiie siècle, qu'il n'y aurait pas lieu de s'en étonner; il suffirait de la comparer avec l'inscription d'une croix de pierre de Saint-Germain des Prés, publiée dans le savant ouvrage de M. Albert Lenoir[1].

3

✝ CONDITA SVNT TVMVLO DEINGELSEN FEMINA
MEMBRA SVB ISTO XVI·KL·IVL ASTRA PETIVIT
OVANS O LECTOR SVPLEX XPM DEPOSCE
BENIGN VT DET ILLI DOMVM IN CELIS QVI HIC
REQVIESCET IN ARVIS

Épitaphe sur ardoise, dans un encadrement à double raie; croix pattée au commencement; hauteur des lettres, 3 centimètres, plusieurs enclavées; majuscules romaines; G carré. Cinq lignes; à la fin de la première, *femina* pour *feminae*, comme dans la précédente épitaphe. Également ici un nom de femme d'origine germanique : *Deingelsen* ou plutôt *de Ingelsen*.

Cette épitaphe a été trouvée, le 30 janvier dernier, sur l'emplacement de l'ancienne église Saint-Pierre.

Au coin, à droite, on remarque une singulière figure, représentant trois carrés concentriques reliés entre eux par quatre traits. C'est peut-être un jeu d'enfant.

[1] *Architecture monastique*, t. II, p. 378.

Comme les autres, cette tombe a été déposée au musée d'antiquités.

4

    ...CLAPIDEREQVIESCITCORPVS
    ...SINOMINEDOMINICVSSACERDOSQVIOBIIT
    ...SOLECTORESSVPLEXXPMDEPOSCEBE...(*sic*)
    ...VTDETILLIDNMREQVIAMSEMPI...(*sic*)
    ...AM

Fragment d'épitaphe gravée sur ardoise; encadrement che-
vronné; majuscules romaines; lettres enclavées; tous les C carrés;
mots conjoints; *requiam* pour *requiem*; une lettre onciale, E; cette
fois, un nom d'homme d'origine latine : *Dominicus*. Nous trouvons
chez M. E. Leblant[1] un autre *Dominicus* du VIIIe siècle, qui, dès
son bas âge, avait été voué au culte du seigneur. Le nôtre était
prêtre également. Ne semble-t-il pas que ce nom ait été, à l'époque
carlovingienne, réservé à ceux que l'on destinait au sacerdoce ou
à l'état religieux?

Cette épitaphe a été trouvée, le 30 janvier dernier, sur l'emplacement de l'ancienne église Saint-Pierre.

5

    † HIC REQVIESCIT CORPVS......
    MEMORIE NOMINE L.........
    LAICI QVI OBIIT XIV KLD MA...
    OMNES QVI LEGITIS O........
    ILLO AT DOMINVM REQVIES...

Fragment d'épitaphe sur ardoise; majuscules romaines; hauteur, 3 centimètres; quelques lettres enclavées; tous les C carrés;
G carré; le mot *at* pour *ad*. Il a été trouvé, le 30 janvier dernier,
sur l'emplacement de l'ancienne église Saint-Pierre.

---

[1] *Inscriptions chrétiennes de la Gaule*, t. I, p. 78.

6

. . . E�VIESCIT CORP . . .

. . . R�E NOMINE LA� . . .

. . . SEPTBR MIGRAVI . . .

. . . T EI DÑS RE�VIEI . . .

. . . . VI LEGITIS PRO . . .

Fragment d'épitaphe sur ardoise; majuscules, romaines; hauteur, 3 centimètres; le G de la cinquième ligne carré.

Ce fragment a été trouvé, le 30 janvier dernier, sur le même emplacement.

7

A·D D

RE�VIEM E

TERNAM DO

Fragment d'épitaphe sur ardoise, gravé en travers, comme le n° 2; majuscules romaines; deux lettres enclavées; trouvé, à la fin de janvier, sur le même emplacement; bordure chevronnée.

Au point de vue industriel, ces épitaphes[1] nous intéressent, car, gravées sur ardoises, elles prouvent que l'exploitation de nos célèbres carrières, sinon quant à l'ardoise fine de toiture, du moins quant à l'emploi du schiste comme pierre de libage et comme plaques ou dalles, était dans le domaine industriel dès le ix° siècle.

IX

Une couche de tombeaux moins profondément enfouis que les

---

[1] La plupart de ces épitaphes eussent couru le risque d'être enfouies de nouveau sans la surveillance éclairée de M. de Farcy, membre de la Société d'agriculture, sciences et arts d'Angers.

précédents renfermait des cercueils de pierre coquillière qui, vu leur position, peuvent être regardés comme moins anciens que les tombes à bandes et les épitaphes sur ardoise.

Dans l'une de ces auges monolithes, on découvrit du charbon de bois, ce qui est très-ordinaire, *prunæ cum thure;* puis un petit bouquet d'épis de seigle, ce qui est rare, je crois. Ces épis sont, sans nul doute, un emblème. L'Écriture nous apprend que le corps de l'homme est une semence de résurrection, et aucun symbole ne convient mieux que le grain, seigle, orge ou froment, pour rendre cette idée.

L'Église russe conserve encore quelque chose de ce sens mystique par son habitude de présenter les cercueils en regard d'une coupe d'or où d'argent pleine de grains d'un pur froment, que l'on fait cuire, pour le distribuer aux pauvres en échange de leurs prières, et comme symbole de résurrection.

X

Au fond d'un autre cercueil, qui, comme le précédent, provenait de l'emplacement de l'ancienne église Saint-Pierre, une curieuse croix de plomb a été trouvée; elle est destinée au musée des antiquités. Malheureusement l'ouvrier n'a pu rien nous dire sur les circonstances de cette découverte, si ce n'est que le cercueil, en pierre coquillière, était d'une seule pierre et sans entaille pour recevoir la tête, au côté droit de laquelle reposait la croix. Quoi qu'il en soit, ce rare objet n'en mérite pas moins une exacte description.

Sa tige principale est longue d'environ 25 centimètres, sa traverse de 22 : à 3 centimètres près, ce serait une croix à branches égales. Chacune de ses extrémités s'élargit de 5 centimètres. Elle doit être classée au nombre des croix dites *pattées* et grecques.

Au droit, on remarque :

1° Sur la *tige* principale, vers le sommet, la trace de caractères rongés par l'oxyde et celle de trois raies distantes l'une de l'autre de 2 centimètres environ;

2° Sur la *traverse*, les traces de trois lignes de lettres également altérées par l'oxyde.

Il est visible que l'ouvrier tailla cette croix en pleine plaque de plomb, avec des forces, et qu'il en grava les raies et les lettres à la pointe.

Une particularité ailleurs remarquée, c'est que les branches sont gondolées et rapprochées, en façon de pattes d'araignée, du côté du revers. Doit-on voir dans cette particularité l'effet du travail du temps au fond de la tombe? Je l'ignore, et je me borne à constater le fait.

Parmi les caractères que l'on distingue encore, il en est trois qui sont superposés ꟿ. C'est trop peu pour donner un sens; mais c'est assez pour faire voir que les deux dernières lettres appartiennent à l'écriture onciale du XIIe siècle, ce qui n'est pas chose indifférente, puisque ainsi la date de cette croix est déterminée.

Mais a-t-elle été placée dans la tombe comme croix d'absolution? Si les formules de ce genre de prière avaient été uniformes au moyen âge, peut-être, à l'aide des initiales superposées T ꟿ Є, eût-il été facile de résoudre cette question. Mais ces formules n'avaient rien de fixe; c'est du moins ce qui paraît résulter d'un certain passage de Mabillon,[1], qui raconte que, après le décès d'Abailard, en 1142, Héloïse écrivit à Pierre le Vénérable, abbé de Cluny, pour en obtenir une formule d'absolution qu'elle pût déposer sur sa tombe : « Magistri absolutio.... ut sepulcro ejus suspendatur. » Pourquoi cette demande d'une formule particulière, s'il en eût existé de tout à fait sacramentelles?

Quoi qu'il en soit, l'attribution de notre croix me semblant incertaine, j'en écrivis à M. l'abbé Cochet, qui me répondit qu'il ne pouvait se prononcer catégoriquement sans avoir vu l'original, mais que, sur la description que je lui en avais faite, il croyait cependant pouvoir dire qu'elle était plutôt une croix de *préservation,* « absolument comme celles que l'on a trouvées, en 1791, à Bury-Saint-Edmond (Angleterre)... Sur ces croix on lisait : *Crux Christi pellit hostem. Crux Christi triumphat.* » Mais le savant abbé n'hésite pas à

---

[1] Dans les *Annales de l'ordre de Saint-Benoit.*

dire avec nous qu'elle est bien du xii° siècle, « par sa forme d'abord et aussi par ses lettres. »

Ai-je épuisé la matière? Assurément non, car les fouilles, poursuivies, font et feront découvrir d'autres monuments, qui, déposés avec soin au musée d'antiquités d'Angers, pourront fournir le sujet d'une nouvelle étude.

LE CAPITOLE DE VESONTIO

ET

LES CAPITOLES PROVINCIAUX

DU MONDE ROMAIN,

PAR M. A. CASTAN,

SECRÉTAIRE DE LA SOCIÉTÉ D'ÉMULATION DU DOUBS,
CORRESPONDANT DU MINISTÈRE DE L'INSTRUCTION PUBLIQUE.

I

En tête d'un livre qui est un remarquable essai d'alliance entre l'archéologie et l'histoire, le regrettable Ampère déclare que, s'il a pu présenter sous un jour nouveau les annales du peuple romain, ç'a été grâce aux notions précises que l'on possède aujourd'hui sur la topographie de l'ancienne Rome. « Pour moi, dit-il, j'avoue que je n'avais jamais eu une vue claire des scènes du Forum avant d'avoir déterminé exactement la disposition respective du Comitium, où se réunissaient les patriciens; du Forum proprement dit, réservé aux tribus plébéiennes; de la Curie, lieu des assemblées du sénat, dominant le Comitium; de la tribune, placée entre le Comitium et le Forum. Cette disposition bien comprise, l'histoire de ces débats orageux des deux ordres, qui fut toute l'histoire intérieure de Rome au temps de sa liberté, apparaît comme un drame animé, dont pas un détail n'échappe au spectateur, dont son âme partage toutes les agitations et suit toutes les vicissitudes[1]. »

Mais cette détermination de la véritable place qu'occupait un monument détruit depuis une quinzaine de siècles est une opéra-

---

[1] Ampère, *L'Histoire romaine à Rome*, introduction, p. III et IV.

tion qui n'est ni simple ni toujours certaine. Les historiens, parlant d'édifices encore debout et connus de tous leurs contemporains, n'ont pas supposé que la postérité en perdrait la trace, et se sont dès lors dispensés de fournir, à leur sujet, des données topographiques. De son côté, la tradition a souvent confondu sous un même vocable des choses originairement distinctes, ou bien encore identifié les produits de périodes essentiellement différentes comme époque et comme caractère.

Ces deux genres d'obstacles ont dérouté jusqu'à présent la critique dans ses efforts pour préciser le point de la colline Tarpéienne où s'élevait le temple, fameux entre tous, de Jupiter Capitolin. « Ainsi, dit encore Ampère, nous connaissons la forme, l'histoire de ce temple et jusqu'à ses matériaux ; mais il est très-difficile de savoir exactement où il était placé... C'est une des questions de topographie romaine les plus importantes et les plus difficiles à trancher. Il est assez piquant qu'on soit embarrassé à Rome pour dire : Le Capitole était là[1]. »

Devrons-nous rester dans la même incertitude relativement au Capitole de notre Vesontio, car ce *maximum oppidum* de l'une des principales peuplades de la Gaule n'avait pu manquer, en associant ses destinées à celles de Rome, de consacrer un édifice au culte fondamental de la religion que lui imposait la conquête ? Tel est le problème que nous allons essayer de résoudre.

II

L'un des traits les plus accusés et les plus persistants de la politique de Rome consista dans sa mansuétude envers les nations soumises par ses armes. Rome n'oublia jamais qu'elle avait dû ses commencements à un asile, et elle fit de ce souvenir la base d'un système d'annexion qu'elle eut la merveilleuse fortune d'étendre à l'univers civilisé. Tout peuple conquis devenait immédiatement un membre de la société romaine, et la somme de ses droits politiques devait s'y accroître en proportion des preuves qu'il donnerait de sa fidélité et des progrès qu'il accomplirait dans la voie de son assi-

---

[1] Ampère, *L'Histoire romaine à Rome*, t. II, p. 50.

milation avec la métropole[1]. « Des hommes de toute race, de toute tribu, de tout rang, dit M. Amédée Thierry, se donnent la main dans un asile; l'association d'individus devient une association de tribus, puis de nations et de races entières[2]. »

Dès le second siècle de l'existence de Rome, le roi Tarquin avait résumé ce programme dans une « grande pensée monumentale[3]. » Sur l'un des sommets de la colline où avait régné Saturne, de pacifique mémoire, il « semble avoir voulu faire, pour ainsi dire, un temple *de fusion*, appartenant également aux trois races qu'il cherchait à mettre sur un pied d'égalité et à réunir dans une même unité nationale. . . . . . Ainsi ce temple devait être commun à tous, réunir dans son sein le Jupiter Latin, la Minerve-Étrusque, la Junon Sabine, et, par ce triple culte, offrir comme un symbole des trois peuples au milieu desquels il fut élevé[4]. »

Le temple de Jupiter Capitolin, destiné à perpétuer dans Rome la tradition d'une généreuse clémence envers les vaincus, dut être spécialement en honneur parmi les nations subjuguées. C'était à leurs yeux le gage permanent de l'accession graduelle à une condition de plus en plus honorable et douce : il n'est pas étonnant dès lors qu'elles aient ambitionné de reproduire chez elles cette arche de leur alliance avec la métropole.

III

Plus que toute autre ville de la Gaule Chevelue, Vesontio avait

[1] « Quid aliud exitio Lacedæmoniis et Atheniensibus fuit, quanquam armis pollerent, nisi quod victos pro alienigenis arcebant? At conditor noster Romulus tantum sapientia valuit, ut plerosque populos eodem die hostes, dein cives, habuerit. Advenæ in nos regnaverunt. Libertinorum filiis magistratus mandari, non, ut plerique falluntur, repens, sed priori populo factitatum est. » (Taciti *Annales*, l. XI, c. XXIV.) — « Humanissime factum est ut omnes ad Romanum imperium pertinentes societatem acciperent civitatis et Romani cives essent. » (S. Augustini *De civitate Dei*, l. V, c. XVII. — Cf. Ciceronis *Orat. pro Balbo*, c. XII; — Auli Gellii *Noct. Attic.* l. XVI, c. XIII.)

[2] Amédée Thierry, *Histoire de la Gaule sous l'administration romaine*, introduction, p. 26.

[3] Ampère, *L'Histoire romaine à Rome*, t. II, p. 54.

[4] *Id. ibid.* p. 54 et 55.

des comptes terribles à régler avec Rome. La nation séquanaise,
dont elle était la capitale, passait pour l'une des plus anciennes et
des plus implacables ennemies du peuple romain[1]. Les traditions
racontaient que le brenn farouche qui, six mois durant, avait tenu
assiégé le mont du Capitole et en avait emporté la rançon, était le
gendre d'un roi de Vesontio, et était parti de cette place pour fondre
sur l'Italie[2]. Depuis lors, les Séquanes n'avaient cessé de pactiser
avec les Germains et de favoriser, en leur ouvrant les défilés du
Jura, les tentatives d'agression de ces peuplades sauvages contre le
territoire romain[3]. Fidèles à ce même esprit d'hostilité, ils avaient
préféré, dans leurs démêlés avec les Édues, l'intervention d'Ario-
viste à celle de Rome, livrant ainsi à la Germanie un poste avancé
qui confinait à la province romaine[4]. Lorsque César vint, au profit
de son ambition, les délivrer de cet insatiable auxiliaire, leurs récits
exagérés avaient failli mettre le désarroi dans les légions du pro-

[1] Πέραν δὲ τοῦ Ἄραρος οἰκοῦσιν οἱ Σηκοανοὶ, διάφοροι καὶ τοῖς Ῥωμαίοις ἐκ
πολλοῦ γεγονότες. (Strabonis *Geographica*, l. IV, c. III, S 2.)

[2] « Sede Bisuntinus fuerat tunc rex Seguinus,

    Cujus erat Sauna fluvius, Rhodanusque marinus,

      Primaque pars Araris, Allobrogusque sinus.

. . . .

    Uxor erat Brenni, Seguini filia regis,

    Cujus ab auxiliis dux Gallica regna subegit.

. . . .

    Defuncto socero, fit regni Brennius hæres,

    Qui modo Romanum regnum confisus habebat,

      Intrat in Italias, agmina multa ferens. »

(Gotfrid. Viterb. *Pantheon* part. IX, apud *Germ. scriptor.* edit. Pistorio, t. II, col. 97.)

[3] Ὅτι πρὸς Γερμανοὺς προσεχώρουν πολλάκις κατὰ τὰς ἐφόδους αὐτῶν τὰς ἐπὶ
τὴν Ἰταλίαν, καὶ ἐπεδείκνυντό γε οὐ τὴν τυχοῦσαν δύναμιν, ἀλλὰ καὶ κοινωνοῦντες
αὐτοῖς ἐποίουν μεγάλους, καὶ ἀφιστάμενοι μικρούς. (Strabonis *Geographica*, l. IV,
c. III, S 2.)

[4] « Paulatim autem Germanos consuescere Rhenum transire, et in Galliam magnam eorum multitudinem venire, populo Romano periculosum videbat [Cæsar] :
neque sibi homines feros et barbaros temperaturos existimabat, quin, quum omnem Galliam occupassent, ut ante Cimbri Teutonique fecissent, in Provinciam
exirent, atque inde in Italiam contenderent; *præsertim quum Sequanos a Pro-
vincia nostra Rhodanus divideret.* » (*Bell. Gall.* l. I, c. XXXIII.)

consul [1]. Enfin, durant les sept campagnes de César, leur attitude avait été constamment belligérante, et l'un des plateaux de leurs montagnes était devenu le théâtre de la lutte suprême dont l'issue consomma la perte de l'indépendance des Gaules [2].

Si Vesontio avait beaucoup à se faire pardonner par Rome, celle-ci avait les plus sérieux motifs de ménager les habitants d'une place de guerre que César jugeait de première importance. Assis, en effet, sur le versant d'un rocher inexpugnable, qui lui servait de citadelle, défendu en outre par le circuit d'un fleuve [3], le *maximum oppidum* des Séquanes [4] commandait le centre de ce couloir creusé par le Doubs entre les Juras et les Vosges, dans l'axe de la trouée qui servait de porte aux gens du Nord pour gagner des régions meilleures [5]. Cette situation désignait Vesontio comme l'un des

[1] « Dum paucos dies ad Vesontionem, rei frumentariæ commeatusque causa, moratur, ex percontatione nostrorum, vocibúsque Gallorum ac mercatorum, qui ingenti magnitudine corporum Germanos, incredibili virtute atque exercitatione in armis esse prædicabant, sæpenumero sese cum iis congressos ne vultum quidem atque aciem oculorum ferre potuisse, tantus subito timor omnem exercitum occupavit, ut non mediocriter omnium mentes animosque perturbaret. » (*Bell. Gall.* l. I, c. xxxix.)

[2] Il s'agit du siége d'Alesia, que nous ne cessons de placer à Alaise (Doubs), en nous fondant : 1° sur la direction topographique indiquée par César au début du récit, et qui doit, puisque l'historien n'en donne pas une nouvelle, servir de fil conducteur pour toute cette partie de la septième campagne; 2° sur les témoignages de Dion Cassius et de Plutarque, qui confirment formellement cette présomption; 3° sur 30,000 sépultures militaires de l'époque celtique, semées autour d'un plateau naturellement fort, et qui porte un village dont le nom s'écrivait encore *Alesia* dans les actes de baptême du xviiᵉ siècle.

[3] « Omnium rerum quæ ad bellum usui erant summa erat in eo oppido facultas : idque natura loci sic muniebatur, ut magnam ad ducendum bellum daret facultatem; propterea quod flumen Dubis, ut circino circumductum, pene totum oppidum cingit; reliquum spatium, quod est non amplius pedum DC, qua flumen intermittit, mons continet magna altitudine, ita ut radices ejus montis ex utraque parte ripæ fluminis contingant. Hunc murus circumdatus arcem efficit et cum oppido conjungit. » (*Bell. Gall.* l. I, c. xxxviii. — Voyez, à la planche VIII, le plan de Vesontio.)

[4] « ... ad occupandum Vesontionem, quod est oppidum maximum Sequanorum. » (*Bell. Gall.* l. I, c. xxxviii.)

[5] « ...Neque enim conferendum esse Gallicum cum Germanorum agro, neque hanc consuetudinem victus cum illa comparandam. » (*Ibid.* l. I, c. xxxi.)

4.

boulevards que Rome pouvait le plus utilement opposer aux velléités perpétuelles d'incursion qui travaillaient la Germanie.

En politique, les associations durables sont celles que garantissent des intérêts réciproques : tel fut le cas de celle que la conquête des Gaules établit entre Rome et Vesontio. Le pardon de l'une devait être compensé par les services de l'autre.

Immatriculés de vive force dans la société romaine, les Séquanes, avec leur sens droit et réfléchi, ne tardèrent pas à comprendre les avantages de leur nouvelle fortune. Une fois cette notion acquise, ils acceptèrent franchement le fait accompli[1], et tâchèrent d'en tirer le meilleur parti possible. Ils suivirent quelquefois la ligne de l'opposition, mais jamais celle de la révolte. S'ils s'associèrent aux protestations armées de Sacrovir et de Vindex contre les exactions de Tibère et les folies honteuses de Néron, ce fut avec la volonté de réformer des abus et non de disloquer l'empire[2]. Ils donnèrent bientôt une preuve éclatante de cette disposition, en se chargeant à eux seuls de ruiner l'entreprise du Lingon Sabinus, qui avait pour but de reconstituer un empire des Gaules[3].

Cette conduite plaça très-haut notre ville dans l'estime des bons empereurs ; elle lui mérita de par courir rapidement la carrière des faveurs que Rome n'accordait qu'à bon escient aux populations fidèles. Élevée au rang de municipe, probablement par Galba, dont elle avait hâté l'avénement en fermant ses portes à l'armée de Néron[4], elle devint ensuite colonie romaine, vraisemblablement sous Marc-Aurèle, au moment où il fut nécessaire d'échelonner des garnisons permanentes sur la frontière de l'empire qui regardait la Germanie[5]. C'est à cette dernière circonstance que Vesontio dut le maintien de son nom individuel, tandis que la plupart des

[1] Νυνὶ δ' ὑπὸ τοῖς Ῥωμαίοις ἅπαντ' ἐστί. (Strabonis *Geographica*, l. IV, c. III, § 2.)

[2] A. Castan, *La bataille de Vesontio et ses vestiges*, dans les *Mémoires de la Société d'émulation du Doubs*, 3ᵉ série, t. VII (1862), p. 477-490.

[3] A. Delacroix, *Epponine et La baume-Noire*, dans les *Mémoires de la Société d'émulation du Doubs*, 4ᵉ série, t. I (1865), p. 280-294.

[4] Voyez notre mémoire déjà cité sur *la bataille de Vesontio*.

[5] Voyez nos *Considérations sur l'arc antique de Porte-Noire à Besançon*, dans les *Mémoires de la Société d'émulation du Doubs*, 4ᵉ série, t. II (1866), p. 420-429.

grandes villes de la Gaule échangeaient le leur contre celui de la peuplade dont elles étaient le chef-lieu [1].

« Les colonies, dit Aulu-Gelle, étaient en quelque sorte des images réduites du peuple romain [2], » et « à ce titre, ajoute Ducange, elles renfermaient des théâtres, des thermes et des capitoles [3]. »

Les renseignements abondent sur l'amphithéâtre de Vesontio : ses ruines ont été noyées, il est vrai, dans l'un des bastions construits par Vauban; mais nous en avons des images [4], et le nom de notre rue d'Arènes en conserve la mémoire. Les thermes, qui jouaient un si grand rôle dans les habitudes hygiéniques de l'époque romaine, ne manquaient pas à Vesontio, et les fouilles de ces derniers temps en ont mis au jour d'importants vestiges [5]. Le Capitole avait jusqu'à présent échappé à toutes les recherches; mais nous le tenons enfin, et nous allons le faire connaître.

IV

Tous nos historiens locaux, sans exception, ont indiqué la plus

[1] Cette règle, dont la découverte appartient à M. Léon Renier, se vérifie, en ce qui concerne Vesontio, par l'inscription suivante, gravée sur bronze et conservée à l'hôpital du Mont-Saint-Bernard :

IOVI · POENINO

Q · SILVIVS · PEREN

NIS · TABELL · COLON

SEQVANOR

V S L M

(Th. Mommsen, Inscriptiones Helvet. n° 42.)

Les mots *Colonia Sequanorum* ne peuvent s'entendre que de la capitale du pays transformée en colonie romaine : c'est ainsi qu'Aventicum a été fréquemment appelé *Colonia Helvetiorum* (Mommsen, *op. cit.* n°s 142, 164, 181), que Térouanne a porté le nom de *Colonia Morinorum* (Gruter, *Corpus inscription.* p. LXXX, n° 6), et Faléries celui de *Colonia Faliscorum* (Henzen, *Inscript. collectio*, n° 5132.)

[2] «Coloniæ quasi effigies parvæ [populi Romani] simulacraque esse quædam videntur.» (Auli Gellii *Noct. Attic.* l. XVI, c. XIV.)

[3] *Glossar. med. et inf. lat.* v° CAPITOLIUM.

[4] Prost, *Histoire de Besançon*, manuscrit de la bibliothèque de cette ville; deux dessins des *Arènes* entre la page 80 et la page 81.

[5] Ed. Clerc, *La Franche-Comté à l'époque romaine*, plan qui se trouve en regard de la page 19.

haute des places publiques de Besançon, la place Saint-Quentin, comme ayant été le siége du Capitole de Vesontio[1]. Cette opinion se fondait sur le passage suivant de la légende de notre évêque saint Maximin : « Il consacra au culte de saint Jean-Baptiste une église dans le forum de la cité, auprès du *Capitole*[2]. »

Pour qu'un pareil texte eût de la valeur dans la question qui nous occupe, il faudrait que sa rédaction remontât à une époque assez reculée et qu'il reproduisît, naïvement et sans interprétation, une tradition antique. Tel n'est pas le cas de cette légende. Elle est si peu ancienne, que les Bollandistes lui ont refusé l'accès de leur recueil[3], et ce n'est qu'en 1653 qu'elle a pris rang dans la liturgie du diocèse[4]. Elle ne peut d'ailleurs avoir été écrite avant la fin du xve siècle, car c'est alors seulement que l'on a commencé chez nous à rendre un culte spécial au saint Maximin de Besançon, jusque-là confondu avec son célèbre homonyme, l'évêque de Trèves[5]. L'hagiographe chargé de cette résurrection, ayant à raconter la fondation de notre église de Saint-Jean-Baptiste, eut recours à ce latin fleuri dans lequel, en vertu du principe d'assimilation de toute chose moderne avec son prétendu analogue de l'antiquité, le mot *marché* ne pouvait se traduire que par *forum*[6], et le mot

---

[1] J. J. Chifflet, *Vesontio*, I, p. 66. — Prost, *Histoire* (manuscrite) *de Besançon*, p. 57 et 58. — Dunod, *Histoire des Séquanois et du comté de Bourgogne*, t. I, p. 172. — D. Berthod, *Dissertation sur les différentes positions de la ville de Besançon*, dans les *Documents inédits pour servir à l'histoire de la Franche-Comté*, t. II, p. 334. — Ed. Clerc, *La Franche-Comté à l'époque romaine*, p. 22 et 23.

[2] « Videns [Maximinus] basilicam non posse capere christianorum multitudinem tam ingentem, quandam domum in foro civitatis, juxta *Capitolium*, consecravit in honore S. Joannis Baptistæ. » (Manuscriptus liber citatus a J. J. Chifflet, *Vesontio*, I, p. 66.)

[3] Voyez les motifs de ce refus dans l'*Appendice* aux *Actes de saint Maximin de Trèves*. (*Acta sanctorum*, maii t. VI, 29 maii.)

[4] L'abbé Suchet, *Saint Maximin, évêque de Besançon, protecteur de Foucherans*; Besançon, 1865, in-18, p. 15 et 16.

[5] L'abbé Suchet, *Saint Maximin*, p. 33.

[6] Ainsi avait déjà fait, en 1411, le rédacteur d'un acte par lequel le chapitre métropolitain de Besançon dégrévait de toute servitude les terrains acquis par la commune pour agrandir la place Saint-Quentin, et y rendre plus commode la

citadelle par *capitolium*. Or l'église Saint-Jean-Baptiste étant située
sur la place d'un marché encore existant et au pied de la rampe
qui conduit à notre citadelle, les deux expressions latines dont il
s'agit se présentaient naturellement au narrateur. La légende de
saint Maximin ne fait donc que peindre, avec des couleurs empruntées au vocabulaire antique, un aspect des lieux qui appartient
à la fin du moyen âge. Elle n'a, conséquemment, pas qualité pour
éclairer une recherche ayant trait à la période gallo-romaine.

Nous avons heureusement, pour nous guider, des textes de meilleur aloi et plus concluants.

Ouvrons d'abord le rituel de Saint-Prothade. Ce doyen d'âge
des monuments liturgiques de notre diocèse a été composé entre
les années 612 et 625[1] : il a subi plus d'un remaniement dans le
cours des siècles, et entre autres une refonte complète sous le glorieux pontificat de Hugues Ier, de 1031 à 1066. Mais on peut à
coup sûr rapporter à la rédaction primitive, c'est-à-dire au début
du viie siècle, les deux seules notions de topographie gallo-romaine
qu'il renferme : le nom de *Porte de Mars,* donné à notre arc antique, puis le mot *Capitolium,* appliqué à un terrain dont nous
chercherons à préciser l'emplacement.

Ce dernier terme vient à propos d'une procession générale qui,
le matin du dimanche des Rameaux, partait de l'église métropo-
litaine Saint-Jean et se rendait à l'abbaye Saint-Paul, où avait
lieu la bénédiction des palmes. L'itinéraire du retour de cette
procession est décrit de la manière suivante : « Lorsque...... la
procession sera sortie de l'église [Saint-Paul], le grand chantre
commencera l'antienne *Cum appropinquaret.* Celle-ci se continuera
jusqu'à ce que l'on soit arrivé au CAPITOLE. Le clergé fera proces-
sionnellement l'ascension du MONTICULE, et s'y rangera honnêtement
et dévotement. De son côté, le peuple se tiendra dans le pourtour.
Alors un des chantres commencera l'antienne *Occurrunt turbæ.*

tenue du marché : « ad commoditatem pleniorem *fori* publici ab antiquissimis
temporibus inibi teneri soliti. » (Archives de la ville de Besançon.)

[1] D. Ferron, *Dissertation sur l'ordre chronologique des évêques de Besançon,*
dans les *Documents inédits pour servir à l'histoire de Franche-Comté,* t. II, p. 184-
187.

Celle-ci étant achevée, un sermon sera fait au peuple; puis, le dis-cours fini, on découvrira la croix qui aura été préparée en ce lieu. » Après l'adoration de la croix, la procession reprenait sa marche et faisait une nouvelle halte devant Porte-Noire[1].

De ce texte découlent trois renseignements précieux : 1° il y avait à Besançon un lieu qui portait, au vii° siècle, le nom de *Ca-pitole*, et qui le conservait encore au xi°; 2° en cet endroit était un monticule que l'on employait comme reposoir dans la cérémonie de l'adoration de la croix ; 3° enfin ce monticule était approximative-ment à mi-chemin entre l'abbaye Saint-Paul et Porte-Noire, puis-qu'il servait, à la procession des palmes, de station entre ces deux points.

Au xiii° siècle, la ville est constituée en commune : la population, entourée désormais de garanties, s'accroît rapidement; de nou-velles maisons s'élèvent de toutes parts, au Capitole comme ailleurs[2]. La procession des palmes est alors obligée de modifier son itinéraire; l'adoration de la croix ne peut plus se faire au Capitole : un rituel de la fin du xiii° siècle[3] nous indique qu'on l'a transportée devant

---

[1] « Postquam..... processio extra ecclesiam [Sancti Pauli] fuerit, incipiat major cantor antiphonam *Cum appropinquaret*, etc. Quæ sic protendatur donec ad CAPITOLIUM perveniatur. Clerici cum processione MONTICULUM ascendant et ibi se ordinent honeste et religiose. Turba autem in convalle stet. Tunc unus é cantoribus incipiat antiphonam *Occurrunt turbæ*, etc. Qua finita, fiat verbum ad populum. Quo completo, discooperiatur crux quæ ibi fuerat preparata...... His finitis, ordinent se sicut prius et teneant cœptum iter..... Et cum venerint ad *Portam Martis*, quæ nunc dicitur *Nigra*, stent pueri super murum civitatis, cantantes laudes *Gloria, laus*, etc..... » (*Ordinarium antiquum Ecclesiæ Bisun-tinæ : Ordo in die Palmarum;* apud Edm. Martenne, *Tractat. de antiqua Ecclesiæ disciplina*, c. xx, p. 205. — *Id.* dans Dunod, *Histoire des Séquanois et du comté de Bourgogne,* t. I, *Preuves,* p. xxx.)

[2] Voyez nos *Origines de la commune de Besançon,* c. v, dans les *Mémoires de la Société d'émulation du Doubs,* 3° série, t. III (1858), p. 304-306.

[3] «..... In reditu cantatur *Cum appropinquaret Dominus* et que secuntur, et palme et frondes portantur usque ad Sanctum Mauricium et offeruntur ibi... Cum autem venerint ad Sanctum Mauricium, debet crux ibi esse parata ante portam et cooperta quodam panno; et duo canonici debent subtus campanarium cantare *Occurrunt turbe* ter; et processiones ter respondere similiter *Occurrunt turbe*... Postea veniunt ad *Nigram Portam,* cantantes antiphonam usque ad *Ni-gram Portam*..... » (*Ordinarium Eccles. Bisunt.* abeunte xiii° sæculo exaratum.

l'église Saint-Maurice [1]. De ce fait nous pouvons conclure que la place Saint-Maurice était le lieu public le plus voisin du Capitole.

Mais faudra-t-il chercher ce Capitole plus haut ou plus bas que l'église? Une charte du mois de novembre 1218 va trancher la question : c'est un traité d'échange par lequel le prévôt Guy de Liesle abandonne au chapitre de Saint-Jean « tout son droit sur un champ qui s'étend, dit la charte, depuis l'église de Saint-Maurice, *en descendant*, jusqu'au Capitole [2]. » Donc, en partant du flanc d'aval de l'église Saint-Maurice et en suivant la descente naturelle du sol, dessinée par celle de la Grande-Rue, on n'avait qu'un seul champ à franchir pour atteindre le Capitole.

Si sur ce même flanc d'église, qui bordait le champ cédé par Guy de Liesle, nous élevons une perpendiculaire; si nous en faisons partir une autre du portail de l'église Saint-Paul, par où sortait la procession des palmes pour gagner le Capitole [3], ces deux lignes se croiseront sur un massif de ruines gallo-romaines, tranché en deux parties inégales par le creusage moderne d'une cour, et dont le principal morceau, qui représente environ 5,000 mètres cubes, s'élève encore de 8 mètres au-dessus du sol antique [4]. Il forme, au fond de l'hôtel de MM. Ethis (Grande-Rue, n° 91), une terrasse plantée de

Codex membr. biblioth. Bisunt. — Cf. *Processionale Ecclesiæ metropolitanæ Bisuntinæ*, edit. H. H. Callier; *Vesontione*, 1750, in-8°, p. 75-79.)

[1] La croix qui figurait dans cette cérémonie, la même que l'on plantait jadis sur le monticule du Capitole, se compose de deux rondins de palmier appointés aux quatre bouts. Ce souvenir de quelque glorieux pèlerinage ne se montrait qu'enfermé dans un étui de bois doré, en forme de croix et percé de cinq lunettes, à travers lesquelles on apercevait le contenu. Les deux plus anciens sceaux de la commune de Besançon représentent ce vénérable monument, qui aujourd'hui se trouve relégué dans les greniers de l'église Saint-Maurice.

[2] « Iisdem temporibus, scilicet circa diem quartam novembris MCCXVIII, initus est tractatus inter ecclesiam Bisuntinam S. Joannis et Guidonem de Liela, prepositum ejusdem apud Majorram, de terra S. Mauritii Bisuntini, ita ut dictus Guido omne jus quod habebat in campo qui est a dicta S. Mauritii ecclesia *inferius* usque ad *Capitolium*..... capitulo cederet. » (D. Berthod, *Dissertation sur les différentes positions de la ville de Besançon*, dans les *Documents inédits pour servir à l'histoire de Franche-Comté*, t. II, p. 335.)

[3] Voyez, à la planche VIII, le plan de Vesontio.

[4] Voyez, à la planche IX, le plan du Capitole de Besançon.

grands marronniers[1]. C'est dans l'intérieur de Besançon, sur la plaine uniforme de sa presqu'île, le seul accident topographique qui ait pu se prêter à la dénomination de *monticulum ;* et comme il occupe une portion du terrain que nos documents appellent *Capitolium,* nul doute qu'il ne provienne des ruines du Capitole de Vesontio.

On nous demandera maintenant ce qu'est devenu ce nom traditionnel de *Capitolium,* qui servit jusqu'au XII° siècle à désigner notre monticule et les terrains qui l'avoisinent. Ce lieu-dit a-t-il disparu, ou bien s'est-il transformé de quelque façon en passant dans le langage moderne ? De ces deux fortunes il a subi la seconde, et c'en est une excellente, au point de vue de notre démonstration. Il se conserve, sous une forme que personne ne comprend plus, dans un nom de rue qui, par une innovation maladroite, a cessé de nos jours de s'appliquer aux maisons adossées à la terrasse, mais qui, au siècle dernier, remplissait encore cette condition[2].

Cette rue, la *rue du Chateur,* ne s'est bâtie que dans la seconde moitié du XIII° siècle : les chartes de l'abbaye Saint-Paul en font foi[3]. Cette circonstance explique tout ensemble comment la procession des palmes accéda librement, jusqu'à cette époque, au monticule du Capitole, et pourquoi plus tard, la ligne des maisons faisant obstacle, il fallut transporter la station devant l'église Saint-Maurice. Antérieurement à ces constructions, les terrains qui les supportent sont appelés, dans les chartes latines, *mansi de Capitolio*[4] ; mais, à

---

[1] La plus petite portion de notre massif fait également terrasse au fond de la maison de Mlle Laisné, rue des Granges, n° 70.

[2] «Rue du Chateur : depuis la place Dauphine [aujourd'hui place de l'État-Major] jusqu'à la rue Baron [aujourd'hui rue Moncey.]» (*Dénomination des différentes portes, rues,* etc. *de Besançon,* dans l'*Almanach de Besançon* pour 1776, p. 37.)

[3] A. Castan, *Origines de la commune de Besançon,* dans les *Mémoires de la Société d'émulation du Doubs,* 3° série, t. III (1858), p. 305.

[4] Charte de 1134 par laquelle Anséric, archevêque de Besançon, abandonne à l'abbaye Saint-Paul diverses redevances, entre autres «solidos duos in *manso Lamberti de* CAPITOLIO.» (*Preuve* n° VIII de nos *Origines de la commune de Besançon.*) Une charte de décembre 1250, citée dans le même ouvrage, rappelle la mémoire de ce *Lambertus de* CAPITOLIO et le désigne sous le nom de *Lambertus de* CHATOYL. Voilà certes une garantie irrécusable de la filiation qui rattache les formes *Chatol* et *Chatoyl* au type *Capitolium.*

partir de 1247, la langue vulgaire ayant fait invasion dans les contrats, le mot latin *Capitolium* se convertit en *Chatol*, puis en *Chatoyl*, pour devenir ensuite *Chatoul, Chatour* et enfin *Chateur* [1].

V

Autant une solution erronée a besoin d'artifices de tous genres pour se soutenir, autant, quand on a rencontré le vrai, les arguments viennent s'y caser naturellement et sans efforts : les preuves archéologiques que nous allons fournir en seront un nouvel exemple.

Les constructeurs de Besançon savent que toute fouille faite dans le voisinage de notre monticule met invariablement en lumière des vestiges d'architecture du caractère le plus somptueux. Ce sont ordinairement des quantités énormes de débris de plaques de marbre vert et de marbre blanc, avec des échantillons de moulures de marbre blanc; puis ce sont des fûts de colonnes engagées et monolithes de schiste micacé gris, des chapiteaux corinthiens de marbre blanc, et les restes d'un entablement en cette précieuse matière. De ces indices, nombre de fois répétés, résulte pour nous la certitude que notre temple capitolin, revêtu à l'intérieur de panneaux de marbre vert encadré par des marbres blancs, montrait à l'extérieur de puissantes colonnes lisses engagées, formées de monolithes de schiste micacé gris, terminées par des chapiteaux corinthiens de marbre blanc, et supportant un entablement de pareil marbre du plus grand luxe et du plus bel art [2].

---

[1] «Simon Dambarbe de CHATOL vendit ecclesie S. Pauli tertiam partem furni de CHATOL, siti in territorio dicte ecclesie.» (1247, mense jan.) — «Humbertus et Johannes de S. Mauricio dant priori S. Pauli medietatem furni siti in CHATOYL, in introitu vici S. Pauli, in territorio dicte ecclesie.» (1250, mense jun.) — «Johannes, abbas S. Pauli, cedit Gerardo presbytero, curato de Buro, furnum de CHATHOIL et domum dicti furni.» (1260, mense maio.) — «Johannes de CHATOUL» est témoin d'une charte en 1305. (Archives du Doubs, fonds Saint-Paul.) — «Phelipons de CHATOUR» est cité parmi les contribuables de la commune de Besançon en 1291. (Registre municipal, I, fol. 68.)

[2] Voyez la planche d'architecture (pl. X) jointe à ce travail. Nous la devons, ainsi que les deux autres (pl. VIII et IX), à la collaboration aussi distinguée qu'obligeante de MM. les architectes Alphonse Delacroix et Alfred Ducat. M. Delacroix a fourni la plupart des indications, et M. Ducat a exécuté les dessins.

Conformément à une disposition commune à tous les grands édifices religieux de l'antiquité, ce temple devait être enfermé dans une cour à portiques. Les fouilles faites en 1840 pour l'ouverture de la rue Moncey ont vérifié de point en point cette présomption. Toute une face de la clôture, plus un morceau du retour, furent mis alors à découvert; et un plan soigné, dû à M. l'architecte Marnotte, en fut publié par l'Académie de Besançon [1]. Plus récemment, les fouilles opérées pour la construction des égouts, en 1850 et 1863 [2], amenèrent un utile complément d'indications. Nous savons ainsi, d'une manière positive, que la cour de notre Capitole était, à l'intérieur, bordée de portiques [3]; que ceux-ci reposaient sur des colonnes d'ordre corinthien, dont les tambours, de pierre de Vergenne, paraissent avoir été revêtus de stuc; l'entablement complet était également en vergenne [4]. Dans les entre-colonnements régnaient des gradins conduisant à des édicules, alternativement demi-circulaires et carrés, qui s'ouvraient sur le portique et formaient saillie en dehors de l'enceinte; les assises extérieures de celle-ci étaient à bossages, comme si cette partie de la construction n'eût pas encore reçu la dernière main [5]. Ces édicules, ou *cellæ*, étaient probablement des chapelles, où les divinités locales, telles que le dieu Vesontio, Mars Ségomon, les déesses Mères [6], pouvaient, à l'ombre de la religion de l'État, conserver de modestes autels.

Le Capitole semble avoir eu son entrée sur la grande rue romaine, notre Grande-Rue actuelle, vers le point où l'on a rencontré, en 1863, deux torses de jeunes divinités de marbre blanc, qui, jetées sur la voie publique à l'époque de la ruine du temple,

[1] *Antiquités trouvées dans la rue Moncey, à Besançon, en 1840*, rapport fait à l'Académie, par M. P. Marnotte, le 20 janvier 1842; dans les *Mémoires de l'Académie de Besançon*, année 1842, 1re séance, p. 83-94, avec un plan des fouilles et une planche d'architecture.

[2] A. Delacroix, *Fouilles des rues de Besançon en 1863*, dans les *Mémoires de la Société d'émulation du Doubs*, 3e série, t. VIII (1863), p. 205-220.

[3] Voyez, à la planche IX, le plan du Capitole de Besançon.

[4] Voyez la planche X.

[5] Voyez le plan de M. Marnotte, déjà cité.

[6] Ce sont les divinités locales que les inscriptions nous révèlent.

y. avaient rempli longtemps le rôle de pavés [1]. Le derrière du Capitole aurait été, conséquemment, sur le morceau de rue des Granges si malencontreusement distrait de la rue du Chateur, et ce qui le démontrerait, ce sont les amoncellements énormes d'os d'animaux et de débris de poteries romaines sigillées qui se trouvèrent de ce côté, en 1840, contre les faces extérieures de la précinction, non loin d'une énorme souche de vigne, d'un creux d'eau avec gradins rustiques en bois et d'autres vestiges dénonçant l'existence d'un jardin [2].

L'ensemble du Capitole avait, en plan, la physionomie d'un rectangle dont les faces latérales mesuraient intérieurement environ 120 mètres, et les deux autres faces à peu près 80 mètres. Le temple occupait le milieu de cet espace.

VI

De ce que le temple capitolin de Rome avait donné son nom à la colline où il était assis et qui supportait également une citadelle, on en vint, dans les siècles d'ignorance, à ne faire qu'un tout des deux établissements, bien que l'antiquité les eût toujours distingués avec soin [3]. Il en est résulté une oblitération du sens réel de *Capitolium* et une application fréquente de ce mot à des enceintes fortifiées qui n'y avaient aucun droit. « Si l'on s'en rapportait, dit Scipion Maffei, à des légendes peu sincères de martyrs et à des écrits des bas siècles, qui ont confondu les noms des édifices de l'antiquité, on croirait que beaucoup de villes ont eu des Capitoles : il n'est pas de rocher qui n'ait été paré de ce vocable, même celui de Babylone, que saint Jérôme appelle *forteresse ou Capitole* [4]. » C'est également de cette fausse doctrine que procède l'erreur locale que nous espérons avoir détruite : il a suffi d'une malheureuse application du mot *Capitolium* à la citadelle de Besançon pour qu'ensuite nos historiens, ne se rendant pas compte de cette mé-

---

[1] Voyez ces deux morceaux de sculpture, à la planche X.

[2] Voyez, à la planche IX, le plan du Capitole.

[3] Voyez les textes justificatifs dans le beau travail de Just Rycquius, *De Capitolio romano commentarius*; Lugd. Batav. 1669, in-12, c. v.

[4] Scip. Maffei, *Verona illustrata*, t. I, col. 121.

prise, aient systématiquement négligé les seuls textes capables de les conduire au vrai.

Ce genre d'erreur, pour être le principal et le plus fréquent, n'est pas le seul qui ait dévoyé les érudits dans la recherche des temples faits à l'image du Capitole romain : aussi croyons-nous utile de déterminer, par des exemples, le degré de confiance qu'il y a lieu d'accorder, à ce point de vue spécial, aux divers ordres de documents que le passé nous a légués.

Inscriptions.

Plaçons en première ligne les inscriptions romaines : contemporaines des faits qu'elles énoncent et d'une incomparable précision de langage, elles doivent, quand elles ont été bien lues, satisfaire aux exigences de la plus rigoureuse critique.

Six Capitoles provinciaux nous ont été révélés par cette voie. L'inscription de Vérone est relative au redressement dans le forum d'une statue qui gisait renversée au Capitole de cette même ville[1]. Celle de Faléries, qui date de l'an 140 de notre ère, constate le percement, à travers le forum, d'une rue nouvelle aboutissant à un arc voisin du Capitole[2]. L'inscription de *Marruvium Marsorum* (San Benedetto,

[1] HORTANTE BEATITVDINE
TEMPORVM DDD·NNN
GRATIANI VALENTINIANI
ET THEODOSI AVGGG
STATVAM IN CAPITOLIO
DIV IACENTEM IN
CEREBERRIMO FORI
LOCO CONSTITVI
IVSSIT VAL·PALLADIVS
VC·CONS·VENET·ET HIST

(Orelli, *Inscriptiones Latinæ*, n° 68.)

[2] IMP·CAESARE
TRAIANO HADRIANO
AVGVSTO III COS
VIA NOVA STRATA LAPIDE

près Pescina.) relate un fait analogue, l'empierrement d'une rue derrière le Capitole [1]. A *Histonium* (Il Vasto d'Aimone), il s'agit d'une restauration du Capitole, vers le II° siècle de notre ère, par un certain Fabius Maximus [2]. Les inscriptions de l'Algérie, si savamment éditées par M. Léon Renier, font connaître deux Capitoles dans cette contrée : l'un à *Thamugas*, dont le portique fut reconstruit sous les empereurs Valentinien et Valens [3]; l'autre à *Cirta* (Constantine), qui renfermait plusieurs statues d'argent, entre autres

PER MEDIVM FORVM PECVAR
A SVMMO VICO LONGO AD
ARCVM IVNCTVM CAPITOLIO
EX CONLATIONE MANIPRETII
POSSESSORVM CIRCA FORVM ET NE
GOTIANTIVM, etc.

(Morcelli, *Opera epigraph.* t. III, p. 101. — Orelli, *Inscript.* n° 3314.)

[1] . . OCTAVIVS · LAENA . . .
. . . CERVARIVS · P . F . . .
IIII · VIR · QVINQ ·
VIAM · POST · CAPITOLIV . . .
SILICE · STERNEND · EX · D · D . . .
LOCARVNT · IDEMQ · PROBA . . .

(Mommsen, *Inscript. regni Neapol. Lat.* n° 5501.)

[2] . . APITOLIV . .
. . ABIVS · MAXIM . .
V · C ·
. . NSTAVRAV . .

(Mommsen, *Inscript. regni Neapol. Lat.* n° 5242.)

[3] Cette inscription étant trop développée dans le sens horizontal pour pouvoir être reproduite ici avec des caractères épigraphiques, nous nous bornerons à donner l'excellente interprétation qu'en a faite M. Léon Renier : « Pro magnificentia sæculi d(ominorum)n(ostrorum) Valentiniani et Valentis, semper Augustorum, [quat] tuor porticus Capitolii, serie vetustatis absumptas et usque ad ima fundamenta c[onlapsas], novo opere perfectas exornatasque dedicavit Publilius Caeionius Caecin[a Albi]nus, vir clarissimus, consularis, curantibus Aelio Iuliano, iterum rei publicae [curatore], Fl(avio) Aquilino, f(lamine) p(er)p(etuo), Antonio Petroniano, f(lamine) p(er)p(etuo), Antonio Ianuariano, f(lamine) p(er)p(etuo). » (*Inscriptions romaines de l'Algérie*, n° 1520; cf. Henzen, n. 6980.)

une effigie de Jupiter, la tête ceinte d'une couronne de chêne, tenant de la main droite une statuette de la Victoire, et de la gauche
une haste [1]. Ces deux derniers Capitoles occupaient des hauteurs [2].

Écrivains antiques.

Jusqu'à l'époque des Antonins, le mot *Capitolium* affecte un
sens précis sous la plume des écrivains romains ou gréco-latins; il
ne désigne jamais autre chose qu'un temple consacré à la trinité
supérieure de l'Olympe antique : Jupiter, Minerve et Junon. Mais
à partir des grandes discordes qui préparèrent le démembrement

SYNOPSIS

```
IOVIS · VICTOR · ARGENTEVS
INKAPITOLIO · HABENS · INCAPITE · CO
RONAM · ARGENTEAM · QVERQVEAM
FOLIOR · XXV · INQVA · GLANDES · N · XV · FE
RENS · INMANV · DEXTRA · ORBEM · ARGEN
TEVM · ETVICTORIA · PALMAM · FERENTEM
       XX · ETCORONAM · FOLIOR · XXXX ·
       SINISTRA · HASTAM · ARG · TENENS
```

```
ARGENTEVM IN              LVM
   KAPITOLIO           KAPITOLIO
 EX HS CCCXII          HS CCCXII
```

(Léon Renier, *Inscriptions romaines de l'Algérie*, n°ˢ 1890, 1892 et 1893.)

[2] M. Léon Renier, à la généreuse érudition duquel nous devons la connaissance des cinq inscriptions qui précèdent, a bien voulu nous fournir en outre les
renseignements suivants sur les ruines des Capitoles de Thamugas et de Cirta.

« J'ai vu les ruines du Capitole de Thamugas. Le portique dont parle l'inscription est renversé; mais les colonnes y sont encore, couchées les unes à côté des
autres. Le temple s'élevait sur une colline; à l'ouest de la cour formée par le
portique. Sa façade était ornée de quatre colonnes monolithes, qui sont également renversées, et dont les dimensions sont telles que j'ai pu cheminer, comme
en un sentier, dans une des cannelures de l'une d'elles.

« Le Capitole de *Cirta* (Constantine) était situé dans la partie la plus élevée de
la ville, où se trouve aujourd'hui la Casbah. J'en ai vu également les ruines, qui
ne subsistent plus aujourd'hui : elles ont fait place à l'hôpital militaire. Le temple
était plus beau et plus grand encore que celui de Thamugas. Sa façade dominait
le grand escarpement au pied duquel coule le Rummel, à 200 mètres plus bas. »

de l'empire, la notion des termes officiels du régime qui s'amoin-
drissait devient de plus en plus confuse. Le mot *Capitolium* subit
la loi commune : les uns, comme saint Jérôme [1] et saint Isidore [2],
lui donnent, par une analogie mal entendue, le sens erroné de citadelle; d'autres, tels que saint Cyprien [3], saint Zénon [4] et beaucoup de petits poëtes [5], en font le vocable générique de toute église
païenne. Il y a donc lieu de distinguer entre les témoignages four-
nis par les écrivains : chez ceux qui datent d'avant le IIIe siècle, le
mot *Capitolium* seul peut être pris à la lettre; mais, de la part de
ceux qui sont postérieurs, il faut exiger une caractérisation plus
minutieuse.)

Les écrivains du Haut-Empire ne mentionnent que trois Capitoles dans les villes provinciales de l'Italie : celui de Capoue, qui
fut dédié par l'empereur Tibère [6], et dont Silius Italicus nous dé-
peint la situation en lieu élevé [7]; celui de Bénévent, où l'on dressa
une statue de marbre au grammairien Orbilius Pupillus [8]; enfin

---

[1] « Arx autem, id est Capitolium illius urbis [Babylonis]. » (Hieronymi *Comment.
in Esaiam*, c. XIII.)

[2] « Arx (id est) Capitolium. » (Isidor. *Etymol.*)

[3] « Quid superest quam ut ecclesia Capitolio cedat? » (Cæcil. Cypriani *epist.* LV.)

[4] « Judæi fortasse cultius Synagogas ædificant; Gentiles cultius erigunt Capitolia. » (Zenonis *Sermo de ædific. domus Dei.*)

[5] « Ipsa suis Christum Capitolia Romula mœrent
    Principibus lucere Deum....... »
               (Prudentii *Apotheosis in Judæos.*)

[6] « Peragrata Campania, quum Capuæ Capitolium, Nolæ templum Augusti,
quam causam profectionis prætenderat, Capreas se contulit. » (Suetonii *Tiberius*,
c. XL.) — « Tandem Cæsar [Tiberius] in Campaniam, specie dedicandi templa,
apud Capuam Jovi, apud Nolam Augusto, sed certus procul urbe degere... »
(Taciti *Annales*, l. IV, c. LVII.)

[7] « Exin victor ovans sedato pectore tandem
    Spectandis urbis tectis templisque serenos
    Lætus circumfert oculos, et singula discit :
    ....monstrant Capitolia celsa. »
               (Sil. Ital. *Punicorum* l. XI.)

[8] « Statua ejus [Orbilii Pupilli] Beneventi ostenditur in Capitolio, ad sinistrum
latus, marmorea, habitu sedentis ac palliati, appositis duobus scriniis. » (Sueton.
Illustres grammatici, c. IX.)

celui de Pompéi, dont parle Vitruve, à propos des décorations en terre cuite ou en bronze doré qui pouvaient être placées, suivant une mode venue des Étrusques, au faîte des temples aréostyles, c'est-à-dire ayant des colonnes très-espacées [1].

Personne, à notre connaissance, ne s'est encore occupé de re-pérer ce Capitole de Pompéi : un coup-d'œil nous a cependant suffi pour le reconnaître dans un édifice qui occupe le fond du principal forum de cette ville et dont le péristyle, auquel on accède par deux escaliers, est précédé d'une vaste plate-forme organisée en vue des harangues. Ce monument, d'un caractère mixte, a été successivement appelé, depuis sa découverte en 1816 et 1817, *Curia, Ærarium, Senaculum,* jusqu'à ce que la trouvaille, faite dans son intérieur, d'une tête colossale du maître des dieux, lui ait valu le nom de *temple de Jupiter* [2]. Les objections n'ont pas manqué contre ce dernier baptême : on lui a particulièrement op-posé les trois petites chambres voûtées qui terminent la *cella* de l'édifice. Mais cette disposition, qui semblait exclure l'idée d'un temple ordinaire, appelle au contraire l'attribution de Capitole, le caractère de ce genre de monument étant de réunir trois sanc-tuaires sous un même toit.

Les grandes villes de l'Orient, à mesure qu'elles tombèrent sous les coups de la fortune de Rome, durent, en réparant leurs ruines, solliciter ou subir l'honneur de posséder un Capitole. Antiochus Épiphane donna le premier exemple de cette flatterie envers la métropole du monde. « A Antioche, dit Tite-Live, il commença, sans pouvoir l'achever, un temple magnifique de Jupiter Capitolin, où l'on ne voyait que lames d'or, tant sur les lambris que sur les parois [3]. » Corinthe, devenue romaine, eut aussi son temple de

---

[1] « Ornant signis fictilibus aut æreis inauratis earum [ædium aræostylium] fastigia, Tuscanico more, uti est ad circum maximum Cereris et Herculis, Pompeiani item Capitolii. » (Vitruvii *Architectura,* l. III, c. II.)

[2] Mazois et Gau, *Ruines de Pompéi,* t. III, p. 48-50, pl. XXX-XXXVI.

[3] « Antiochiæ Jovis Capitolini magnificum templum, non laqueatum auro tantum, sed parietibus totis lamina inauratum, et alia multa in aliis locis pollicitus, quia perbreve tempus regni ejus fuit, non perfecit. » (Titi Livii *Histor.* l. XLI, c. XX.)

Jupiter Capitolin, plus haut que son théâtre [1], mais non dans l'Acrocorinthe ou citadelle. Carthage dut peut-être son Capitole aux libéralités de l'empereur Auguste : nous savons toutefois que cet édifice était devenu, au IVe siècle, l'*ærarium* général de la province d'Afrique [2]. En reconstruisant Jérusalem, Hadrien ne crut pouvoir mieux remplacer que par un Capitole le fameux temple des Juifs : de cette circonstance la ville tira son nouveau vocable *Ælia Capitolina* [3]. Byzance avait eu probablement un Capitole avant que Constantin y transférât le siége du gouvernement impérial : ce monument, situé vers le centre de la ville et contigu au forum de Théodose, était encadré par des portiques, qui plus tard servirent d'*atrium* aux auditoires des cours publics [4].

Parmi les villes de la Gaule, nous ne trouvons qu'Autun et Narbonne qui aient, sur l'existence de leurs Capitoles, des témoignages d'écrivains appartenant à la période romaine. A *Augustodunum* (nous le savons par le rhéteur Eumène), les fameuses écoles Méniennes s'ouvraient sur la grande voie impériale, entre le temple d'Apollon et le Capitole, édifices qui brillaient au milieu de la ville et en étaient comme les deux yeux. Eumène se félicite de ce que, en raison de ce voisinage, les accents de l'éloquence puissent directement arriver aux trois divinités capitolines : Jupiter, père des hommes ; Minerve, protectrice des sociétés ; Junon, déesse de la paix [5]. Pour Narbonne, nous avons à faire parler deux poëtes,

---

[1] Ὑπὲρ δὲ τὸ θέατρόν ἐστιν ἱερὸν Διὸς Καπετωλίου, φωνῇ τῇ Ῥωμαίων · κατὰ Ἑλλάδα δὲ γλῶσσαν, Κορυφαῖος ὀνομάζοιτ' ἄν. (Pausan. *Descript. Græciæ*, l. II, c. IV.)

[2] *Constitut.* Theodosii et Valentiniani *De annona et tributis*, n° XXXIV.

[3] Ἐς δὲ τὰ Ἱεροσόλυμα πόλιν αὐτοῦ ἀντὶ τῆς κατασκαφείσης οἰκίσαντος, ἣν καὶ Αἰλίαν Καπιτωλίναν ὠνόμασε, καὶ ἐς τὸν τοῦ ναοῦ τοῦ Θεοῦ τόπον, ναὸν τῷ Διὶ ἕτερον ἀντεγείραντος, πόλεμος οὔτε μικρὸς δυτ' ὀλιγοχρόνιος ἐκινήθη. (Dion Cass. l. LXIX.)

[4] *Urbis Constantinopolitanæ descriptio*, reg. VIII; apud *Notit. dignitatum*, edit. Pancirolo. — Theodosii jun. leges *De studiis liberalibus* et *De operibus publicis*. — Cf. Petri Gyllii *Topographia Constantinopoleos*, l. III, c. VII; — Ducange, *Historia Byzantina*, t. II, l. I; c. XVI.

[5] «Quid autem magis in facie vultuque istius civitatis situm est, quam hæc eadem Meniana, in ipso transitu advenientium huc invictissimorum principum

Ausone et Sidoine. Le premier signale dans cette ville un temple en marbre de Paros, dont les proportions grandioses auraient stupéfié le fondateur et les restaurateurs du Capitole romain[1]. Le second, énumérant les délices de Narbonne, dit cette ville célèbre par *ses Capitoles*[2]. Si cet ablatif pluriel était isolé, il pourrait, chez un poëte qui parle déjà la langue de la décadence, être considéré comme un synonyme générique de *temples;* mais le mot *delubris* qui le précède remplissant déjà cette fonction, il n'y a pas lieu de recourir à une telle hypothèse : *Capitoliis* devra donc être entendu ici dans le sens restreint de *Capitole*, et sa désinence plurielle s'expliquera surabondamment par les nécessités de la mesure du vers. Il y a d'ailleurs à Narbonne un lieu que les chartes nomment invariablement, suivant qu'elles sont latines ou romanes, *Capitolium* et *Capdueil*[3], et de ce point, qui est le plus élevé de la ville, on a

constituta :..... quasi inter ipsos oculos civitatis, inter Apollinis templum et Capitolium?..... Quis enim melior usus eloquentiæ quam ubi, ante aras quodammodo suas, Jovios Herculiosque audiant prædicari Jupiter pater, et Minerva socia, et Juno placata?» (Eumenii *Oratio pro restaurandis scholis,* habita Augustoduni anno 296, c. IX et X. — Cf. Edme Thomas, *Histoire de l'antique cité d'Autun,* publ. en 1846 et annotée par la Société éduenne, p. 55, 133 et 140.) — Les données archéologiques sont d'accord avec le texte d'Eumène pour déterminer l'emplacement central du Capitole d'Augustodunum : je tiens cette assurance de M. G. Bulliot, qui connaît si parfaitement le sous-sol de la capitale romaine des Édues.

[1] «Quodque tibi quondam Pario de marmore templum

    Tantæ molis erat, quantam non sperneret olim

    Torquinius, Catulusque iterum, postremus et ille

    Aurea qui statuit Capitoli culmina Cæsar?»

                        (Ausonii *Carmen* CCXCVII, § 13 : *Narbo.*)

[2] «Salve Narbo, potens salubritate,

    . . . .

    «Delubris, Capitoliis, monetis,

    «Thermis, arcubus. . . . . »

                 (Sidonii Apollin. *Carmen* XXIII.)

[3] Catel, *Mémoires pour l'histoire du Languedoc.* — Ménard, *Histoire de la ville de Nismes,* t. VII, p. 115. — *Gallia christiana,* t. VI, pr., col. 21. — Chartes des archives de la ville de Narbonne, de 1275 à 1352, dont le sommaire m'a été obligeamment communiqué par M. Tournal.

exhumé quantité de magnifiques débris d'architecture en marbre blanc, ce marbre de Paros signalé par Ausone [1].

Actes des saints.

Si nous avons établi des degrés dans la confiance à accorder aux écrivains de profession, à plus forte raison devrons-nous faire des réserves au sujet de ces légendes, la plupart anonymes et de date incertaine, qui relatent les actes des saints. Pour celles qui ont trait aux martyrs de la primitive Église, les seules qui doivent nous occuper aujourd'hui, on peut les assimiler à un drame dont le thème fondamental est généralement réel, mais où les détails sont plus ou moins imaginaires, suivant que l'auteur a vécu plus ou moins loin, comme temps et comme espace, des événements qu'il rapporte des lieux qu'il décrit. Le mot *Capitolium*, qui y intervient fréquemment, n'est souvent qu'un lieu commun introduit pour les besoins de la mise en scène, et alors il n'a aucune valeur historique. On ne devra lui accorder créance que s'il se trouve dans une rédaction réellement originale, et s'il y est entouré de circonstances suffisamment caractéristiques pour écarter la supposition d'une périphrase banale.

Commençons par les légendes qui nous ont paru remplir cette double condition.

Les actes des martyrs Félix et Fortunat nous montrent le préfet impérial Apollinaire arrivant à Aquilée, débutant par un sacrifice dans le temple de Jupiter, puis envoyant un héraut par la ville pour enjoindre à tous d'apporter des offrandes au Capitole de Jupiter [2].

Plus instructif encore est le récit de la passion de saint Apollinaire, à Ravenne. Le persécuteur lui demande s'il ignore le nom de Jupiter, de ce souverain habitant du Capitole de la cité; puis il le conduit dans ce grand temple, merveilleusement orné, où il lui fait voir, avec l'assistance des prêtres du Capitole, la statue de

---

[1] Un fragment de soffite en marbre blanc, que l'on dit provenir du Capitole, existe au musée de Narbonne : « indication d'une grande conséquence, veut bien m'écrire mon savant maître M. J. Quicherat; car si l'entablement était de marbre, le temple tout entier était en cette matière. »

[2] *Acta sanctorum*, junii t. II, 11 jun.

l'invincible maître de l'Olympe, en l'invitant à brûler de l'encens devant la majesté de Jupiter tonnant: « Ce Capitole, ajoute la légende, ne renfermait pas moins de trois cents autels. » Une vie plus sommaire du même martyr affirme qu'Apollinaire, après son refus de sacrifier, fut envoyé, chargé de fers, dans une prison peu éloignée du Capitole de Ravenne [1].

La passion des saints Faustin et Jovita offre une peinture analogue. La scène est d'abord à Brescia : l'empereur Hadrien se fait dresser un trône dans le Capitole de cette ville, afin de contraindre les deux confesseurs à brûler de l'encens sur l'autel de Jupiter. La procédure est continuée ensuite à Milan, et là le tribunal est installé, non plus dans un Capitole, mais dans les thermes d'Hercule, où étaient les statues d'Hercule et de Saturne [2].

Le Capitole de Capoue, indiqué déjà par Suétone et Tacite, joue un rôle dans les actes des saints Rufus et Carponius ; il y est dit que ce temple fut détruit par le feu du ciel [3].

Entre les Capitoles provinciaux de la Gaule, il n'en est pas de plus généralement connu que celui de Toulouse ; et cependant le motif qui l'a rendu populaire, l'appellation *Capitoulat* affectée au corps municipal de la ville, n'y a trait en aucune sorte : cette désignation nous paraît procéder de ce que, au XII° siècle, les prud'hommes toulousains siégeaient comme en chapitre (*in capitulo*) dans l'église Saint-Quintin [4]. Or on a de nombreux exemples de la transformation, sous la plume des écrivains du moyen âge, de *capitulum* en *capitolium* : témoin cette charte angevine du XI° siècle [5], où figure un *capitolium Sancti Mauritii* [6]. Faut-il ce-

---

[1] *Acta sanctorum*, julii t. V, 23 jul.

[2] *Acta sanctorum*, februarii t. II, 15 febr. — Cf. Octav. Rubei *Monumenta Brixiana*, p. 27, tab. 9, ap. Grævii *Thes. antiq. Ital.* t. IV, partie 2.

[3] *Acta sanctorum*, augusti t. VI, 27 aug.

[4] « Sciendum est quod Fortil de Moliverneta venit cum multis probis hominibus ante capitulum S. Quintini, ubi capitularii erant tunc congregati. » (Charte de 1175, citée par Catel, *Mémoires pour l'histoire du Languedoc*, p. 125. — Cf. Raynal, *Histoire de Toulouse*, p. 460.)

[5] Godard-Faultrier, *Constructions gallo-romaines de l'Anjou*, dans le Congrès archéologique de France, 29° session, 1862, p. 32.

[6] Témoin encore ce passage d'une légende monastique de l'Allemagne : « Fra-

péndant douter de l'existence d'un Capitole dans la Tolosa romaine? Nous ne le pensons pas. Les actes de saint Sernin, qui ont tous les caractères d'une version originale, placent le Capitole de Toulouse entre la maison de cet apôtre et la chapelle qu'il avait fondée [1] : rapprochement qui indique bien que, par Capitole, le rédacteur entendait un temple païen. Grégoire de Tours [2], Sidoine [3] et Fortunat [4] sont d'accord avec cette interprétation, car ils placent au Capitole de Toulouse les scènes de la passion du saint évêque.

Le récit du martyre de sainte Afre, qui est tenu pour très-ancien, nous montre le juge Gaïus engageant sa victime à se rendre au Capitole d'*Augusta Vindelicorum* (Augsbourg) pour y sacrifier [5]. Mais aucun déterminatif n'accompagnant ce mot *Capitolium*, nous ne savons encore s'il y a lieu de lui accorder le sens spécial de Capitole.

En s'appuyant sur les actes de saint Tyrse et de saint Euchaire, on a voulu chercher à Trèves un Capitole. Mais d'abord ces deux légendes, écrites au xie siècle, rentrent dans la catégorie de celles dont nous récusons le témoignage quand il s'agit des choses de l'antiquité; puis, lors même qu'on l'accepterait, ce témoignage serait encore loin d'être positif. En effet, le biographe de saint Tyrse constate seulement que Trèves était, par ses édifices et ses magistratures, une seconde Rome [6]; et quant à l'auteur de la Vie de saint Euchaire, il se borne à mentionner les intrigues dont son héros fut l'objet de la part des *prêtres du Capitole* [7], expression qui, dans la langue patrologique, veut dire tout simplement les *prêtres de l'Église païenne*.

Nous ne nous arrêterons pas davantage sur une légende écrite à

tribus ad capitolium consedentibus, coquinam intravit. » (*Vita B. Meinwerci,* apud Paderborn, inter *Acta sanctorum,* junii t. I, 5 jun.)

[1] *Passio S. Saturnini,* apud Ruinart, *Acta primor. martyr. sincera,* p. 130.

[2] *Histor. Francor.* l. I, c. xxviii. — *Gloria martyr.* l. I, c. xlviii.

[3] *De S. Saturnino.*

[4] L. II, carm. viii.

[5] *Passio S. Afræ,* apud Ruinart, *Acta primor. martyr. sincera,* p. 455.

[6] *Acta sanctorum,* octobris t. II, 4 oct.

[7] *Acta sanctorum,* januarii t. II, 29 jan.

Embrun, d'après la relation rustique d'un abbé espagnol, laquelle nous représente un président de la province d'Espagne, sous Dioclétien, venant à Roda, en Catalogne, fonder un Capitole[1].

Nous ne pensons pas qu'il y ait lieu de faire plus de cas d'un passage des actes de sainte Macre, écrits vraisemblablement à l'époque carolingienne, où il est question d'un Capitole, évidemment imaginaire, qui aurait décoré la bourgade de Fismes, près de Reims[2].

Chroniques du moyen âge.

Entre les diverses altérations du sens de *Capitolium*, nées avec le déclin des lettres latines, les chroniqueurs laïques du moyen âge ont opté pour la synonymie erronée de ce terme avec *forteresse*. Nous en avons un exemple dans le passage de la chronique d'Aymar de Chabannais, où le château fort de Saintes est appelé *Capitolium*[3]. On est parti de là pour chercher à Saintes les vestiges d'un Capitole; et comme cette ville a joui d'une véritable splendeur à l'époque romaine, on a trouvé dans les débris architectoniques sortis de son sol de quoi reconstituer plusieurs temples. Mais tous les temples n'étaient pas des Capitoles, et aucun de ceux qui ont été rencontrés à Saintes n'étant ainsi qualifié ni par des textes antiques ni par la tradition[4], le propos du chroniqueur précité doit être considéré comme une figure de rhétorique.

Lieux-dits.

Dans les enquêtes de l'histoire, comme dans celles de la justice, deux catégories de témoins sont particulièrement appréciables : ceux qui ont pleine connaissance de faits qu'ils ont vus, puis ceux qui répètent naïvement et sans parti pris d'aucune sorte ce qu'ils ont

---

[1] *Acta sanctorum Vincentii, Orontii et alior.* apud *Acta sanctorum,* januarii t. II, 22 jan.

[2] *Acta sanctorum,* januarii t. I, 6 jan. — Cf. G. Marlot, *Histoire de Reims,* t. I, p. 5o5-5o7.

[3] *Scriptor. rer. francic.* édit. Bouquet, t. X, p. 15o.

[4] La Saüvagère, *Recueil d'antiquités dans les Gaules,* p. 16-18. — Chaudruc de Crazannes, *Antiquités de la ville de Saintes et du département de la Charente-Inférieure,* p. 20-28.

entendu dire. Les lieux-dits sont dans ce dernier cas. Ils peuvent
être comparés à un écho inconscient, qui transmet à travers les
âges des mots se rapportant à un ordre de choses depuis longtemps
disparu. Dans son parcours, la formule de cet écho aura pu subir
plus d'une inflexion tenant à la nature des parois qui l'auront
recueillie pour la répercuter; mais l'essentiel sera que la chaîne des
vibrations n'ait pas été interrompue, ni même déviée, par une im-
mixtion réfléchie. En d'autres termes, le lieu-dit n'aura de valeur
qu'à la condition de procéder entièrement de la tradition populaire
et de n'avoir été remanié par aucune plume ingénieuse ou savante.

Quatre Capitoles nous sont connus par cette source d'informa-
tions : celui de Vesontio dont nous avons longuement traité, ainsi
que ceux de Florence, de Cologne et de Nîmes.

A Florence, le souvenir du Capitole a fourni le surnom d'une
petite église contiguë à la place du Vieux-Marché, qui passe à juste
titre pour l'ancien forum de la ville. Cette humble basilique s'appelle *Sainte Marie du Capitole* [1].

Les mêmes circonstances se retrouvent à Cologne. Cette seconde
Sainte Marie du Capitole occupe le sommet d'un léger pli de terrain qui va mourir sur les bords du grand fleuve. Les chroniques
locales rapportent la fondation de cette église monastique à Plec-
trude, épouse répudiée de Pepin de Herstal; elles ajoutent que
la malheureuse princesse utilisa dans ce but le Capitole ou palais
des ducs d'Austrasie [2]. Qu'il y ait ou non quelque chose de fondé
dans cette histoire, peu importe au but que nous poursuivons : nous
n'avons à retenir que le vocable *Sainte Marie du Capitole,* qui
nous paraît extrêmement significatif.

Les chartes de Nîmes désignent sous le nom de *Sanctus Stepha-
nus de Capitolio,* devenu ensuite *Saint-Étienne du Capdueil,* une pe-

---

[1] Villani, *Historia universalis,* l. I, c. xxxviii, apud Muratori, *Rer. Ital. script.*
t. XIII. — Poggii *Historia Florentina,* l. I, apud Græv. *Thes. antiq. Ital.* t. VIII,
1re partie. — Voyez dans le même volume de Grævius, le n° 105 d'un plan pers-
pectif de Florence.

[2] Ægid. Gelenii *De magnitudine Coloniæ,* p. 323. — Mabillon, *Annales ordinis
Sancti Benedicti,* t. I, p. 689. — Lecomte, *Annales ecclesiastici Francor.* t. IV,
p. 213-214. — *Gallia christiana,* t. III, col. 770. — Cf. *Acta sanctorum,* septem-
bris t. IV, 14 sept.

tite église qui joignait la Maison-Carrée. Les érudits du xvi° siècle
en avaient conclu que ce beau temple antique avait été le Capitole
de la colonie de Nîmes [1]. Cette attribution nous semble avoir conservé toute sa force, la seule objection qui lui ait été faite consistant à dire qu'un Capitole ne se conçoit qu'en lieu haut et fortifié [2].

Ce dernier préjugé, devenu populaire à force d'avoir été reproduit, est sans doute l'origine du nom de *Capitole* donné par les
habitants du bourg de Cailly (Seine-Inférieure) à leur château du
moyen âge [3] : aussi, malgré la richesse du lieu en antiquités romaines, ne citerons nous ce prétendu Capitole que pour montrer
que les lieux-dits comportent aussi des chances d'erreurs.

VII

Dans l'examen critique que nous venons de faire des sources à
mettre en œuvre pour retrouver les Capitoles provinciaux du monde
romain, vingt-quatre de ces édifices nous ont paru suffisamment
constatés : onze en Italie, ceux d'Aquilée, de Vérone, de Capoue,
de Bénévent, de Florence, de Brescia, de Ravenne, de Faléries,
d'*Histonium*, de *Marruvium Marsorum* et de Pompéi ; six dans les
Gaules, à Narbonne, à Nîmes, à Toulouse, à Autun, à Besançon et
à Cologne ; quatre en Orient, dans les villes d'Antioche, de Corinthe, de Constantinople et de Jérusalem ; trois en Afrique, à Carthage, à *Cirta* et à Thamugas.

Essayons maintenant, au moyen des données ainsi recueillies,
de déterminer les conditions d'origine, de situation et d'existence
de ce genre d'édifices.

Dans les provinces, aussi bien qu'à Rome, on entendait par
Capitole un temple à trois sanctuaires, dédié aux trois divinités
principales de la religion officielle : la nef centrale était consacrée
à Jupiter, celle de droite à Minerve, celle de gauche à Junon. Ac-

---

[1] Poldo d'Albenas, *Discours historial de l'antique cité de Nismes*, Lyon, 1560,
in-folio, p. 73-80. — G. Bruin, *Civitates orbis terrarum*, Colon. 1572, in-folio,
art. *NEMAUSUS*.

[2] Ménard, *Histoire de la ville de Nismes*, t. VII, p. 34 et 115.

[3] L'abbé Cochet, *La Seine-Inférieure historique et archéologique*, 2° édition,
p. 196-197.

cessoirement, d'autres divinités y étaient admises pour faire cortége aux images des maîtres du lieu [1]. Trois flamines y présidaient à l'exercice du triple culte [2]. Les parois extérieures du temple servaient sans doute, comme à Rome, à fixer les tables des lois [3] et les étalons des mesures [4]. Sous les portiques qui encadraient le monument [5], on plaçait les statues et les bustes des hommes célèbres à qui les municipalités provinciales décernaient cet insigne honneur [6]. Enfin, comme dans certaines circonstances le sénat de Rome s'assemblait au Capitole de la grande ville [7], il est probable que, dans la plupart des autres localités pourvues d'un édifice analogue, ce Capitole faisait fonction de Curie.

Bien que Vitruve eût posé ce principe que les temples des dieux tutélaires, tels que Jupiter, Junon et Minerve, devaient être placés en lieu aussi éminent que possible, afin d'avoir vue sur la plus grande partie des murailles [8], cette recommandation ne fit pas loi pour l'assiette des Capitoles. Dans beaucoup de villes, surtout quand les hauteurs étaient déjà pourvues d'autres sanctuaires, on assigna au Capitole une position centrale, ce qui d'ailleurs le rendait plus accessible et plus apte aux divers services que nous avons énumérés. Sur douze Capitoles dont nous connaissons les emplacements, six, qui sont ceux de Capoue, de Cirta, de Thamugas, de Narbonne, de Cologne et de Jérusalem, siégeaient sur des éminences; tandis qu'un pareil nombre, ceux de Pompéi, de Corinthe, de Florence, de Nîmes, d'Autun et de Besançon, étaient fondés en terrain plan.

[1] J. Rycquii *De Capitolio romano*, c. xxiv et xxv. Capitoles de Ravenne et de Besançon.

[2] Voyez l'inscription, citée plus haut, du Capitole de Thamugas.

[3] J. Rycquii *op. cit.* c. xxx.

[4] Gruter, *Corpus inscript.* p. CCXXIII, n° 3.

[5] Capitoles de Besançon, de Thamugas, de Pompéi et de Constantinople.

[6] Capitole de Bénévent.

[7] Συνῆλθον οὖν οὐκ ἐς τὸ σύνηθες συνέδριον ἀλλ' ἐς τὸν τοῦ Διὸς νεὼν τοῦ Καπετωλίου, ὃν σέβουσι Ῥωμαῖοι ἐν ἀκροπόλει. (Herodiani *Hist.* l. VIII, c. x, § 2.)

[8] « Ædibus vero sacris, quorum deorum maxime in tutela civitas videtur esse, ut Jovi et Junoni et Minervæ, in excelsissimo loco; unde mœnium maxima pars conspiciatur, areæ distribuantur. » (Vitruvii *Architectura*, l. I, c. vii.)

Les Capitoles provinciaux paraissent résulter de concessions gracieuses du gouvernement impérial, et cette nature de faveurs semblerait avoir été exclusivement le lot des colonies, c'est-à-dire des villes admises à jouir de la plénitude des institutions romaines. En effet, sur les vingt-quatre Capitoles que nous avons reconnus, vingt-trois appartiennent à des localités soumises au droit colonique [1]; et quant à celui de Marruvium Marsorum, qui pourrait

[1] Antioche, métropole de la Syrie, érigée en colonie par Caracalla. (Pauli lib. II *De censibus.* — Vaillant, *Numismata colon.* t. II, p. 35.)

Autun : la persistance de son nom individuel (Augustodunum.) est une preuve de sa condition colonique.

Aquilée, qualifiée colonie par Pline (l. III, c. xxii) et par Ptolémée (l. I, c. xv).

Bénévent, colonie fondée par Néron sous le vocable *Concordia.* (Frontini *De coloniis.* — Plin. l. III, c. xvi.)

Besançon, *Colonia Sequanorum,* dit une inscription que nous avons citée.

Brescia était, au dire de Pline (l. III, c. xxiii), l'une des colonies de la région méditerranéenne.

Capoue, colonie fondée par Jules César, avec le surnom de *Julia Felix.* (Frontini *De coloniis.* — Sueton. *Cæsar,* c. lxxxi.)

Carthage, première colonie créée par Rome en dehors de l'Italie, sous le nom de *Junonia;* rétablie par Jules César avec le vocable de *Julia Carthago,* l'an 710 de Rome. (Velleius, l. II, c. xv. — Plutarchi *C. Gracchus,* c. x et xi; *Cæsar,* c. lvii. — Dion Cass. l. XLIII.)

Cirta, colonie fondée par P. Sittius, sous les auspices de Jules César. (Plin. l. V, c. ii. — L. Renier, *Inscript. rom. de l'Algérie,* n°° 1807 et suiv.)

Cologne, colonie fondée par l'impératrice Agrippine, dans le lieu de sa naissance. (Plin. l. IV, c. xxxi. — Taciti *Annal.* l. XII, c. xxvii.)

Constantinople, auparavant Byzance, ruinée de fond en comble par Septime Sévère, puis reconstruite et repeuplée par ce même empereur et par son fils Caracalla; elle prit alors le nom d'*Antonina Byzantiorum Augusta,* ce qui indique assez qu'on en avait fait une colonie. (Ducange, *Constantinopolis,* l. I, c. xvi.)

Corinthe, relevée comme colonie par Jules César, en même temps que Carthage. (Plutarchi *Cæsar,* c. lvii. — Dion Cass. l. XLIII.)

Faléries, appelée *Colonia Junonia* par Frontin, qualifiée colonie par Pline (l. III, c. viii), et *Colonia Faliscorum* par une inscription (Henzen, n° 5132).

Florence, citée comme colonie par Frontin et par Tacite (*Annal.* l. I, c. lxxix).

Histonium, colonie de la région du Samnium. (Frontini *De coloniis.*)

Jérusalem, relevée comme colonie par Hadrien et surnommée alors *Ælia Capitolina.* (Dion Cass. l. LXIX.)

faire exception, rien ne prouve que l'ancien chef-lieu des Marses n'a pas été, à un moment de son existence, repeuplé par quelque corps de vétérans des armées romaines.

Narbonne, la plus ancienne colonie romaine de la Gaule transalpine. (Plin. l. III, c. v.)

Nîmes, colonie fondée par Auguste : les monnaies locales et les inscriptions abondent pour en témoigner.

Pompéi, deux fois érigée en colonie, d'abord par Sylla, puis par Auguste : une inscription lui donne cette qualité. (Mazois, *Ruines de Pompéi*, t. IV, p. 69.)

Ravenne, colonisée en même temps que Rimini. (Strabonis *Geog.* l. V, c. I, S 11.)

Thamugas : les inscriptions qualifient cette ville de colonie. (L. Renier, *Inscr. romaines d'Algérie*, n°ˢ 1479 et suiv.)

Toulouse, appelée colonie par Ptolémée.

Vérone, colonisée par Gallien, avec le surnom de *Nova Augusta Galliena* : l'inscription d'une des portes de cette ville en fait foi. (Vaillant, *Numismata colon.* t. II, p. 342.)

RECHERCHES

ET

FOUILLES ARCHÉOLOGIQUES

SUR LE TERRITOIRE DE LA COMMUNE DE SCEAUX

(LOIRET),

EN UN LIEU NOMMÉ *LE PRÉ-HAUT*,

PAR M. L'ABBÉ COSSON,

CURÉ DE BOYNES (LOIRET),
MEMBRE DE LA SOCIÉTÉ ARCHÉOLOGIQUE DE L'ORLÉANAIS.

Des ruines antiques sont depuis longtemps signalées sur le territoire de Sceaux, arrondissement de Montargis, en un lieu appelé *le Pré-Haut.*

M. Jollois, membre de la Société des antiquaires de France et durant plusieurs années ingénieur en chef de ce département, a, le premier, appelé sur elles l'attention des archéologues, dans son savant mémoire sur les Antiquités du département du Loiret, publié en 1836 et couronné par l'Institut. Il n'a pas craint d'y reconnaître hautement les restes de l'antique cité sénonaise de *Vellaunodunum;* assiégée et prise par César dans sa sixième campagne des Gaules, l'an 52 avant Jésus-Christ[1].

Depuis quelques années, je me livre à des recherches et à des études archéologiques sur ce vaste champ de ruines, où j'ai trouvé déjà de nombreuses preuves de l'importance de la cité antique qui l'occupait. Cette importance est attestée surtout par une découverte que j'ai faite et que je travaille à compléter.

---

[1] César, *Guerre des Gaules*, l. VII, c. XI.

Cette découverte est celle d'un aqueduc romain, dont je suis parvenu à suivre la trace sur un parcours de près de 3o kilomètres. Il avait sa prise d'eau aux sources de la rivière Bezonde, entre Quiers et Nesploy, près de Bellegarde (Loiret), et, décrivant une courbe, il se dirigeait vers le point de la commune de Sceaux où se trouvent les ruines dont je viens de parler[1].

J'ai soumis, à plusieurs reprises, à la Société archéologique de l'Orléanais, à laquelle j'ai l'honneur d'appartenir, le résultat de mes recherches, les noms des divers territoires sur lesquels j'ai constaté l'existence de cet aqueduc souterrain, les plans et profils de ce curieux monument, qui a tous les caractères d'une œuvre romaine, et qui, sur plusieurs points de son parcours, est, aujourd'hui encore, d'une complète et belle conservation. Il se fait remarquer à la fois par sa longueur, qui est de près de 3o kilomètres, par la parfaite exécution de sa construction, par la forme de sa cuvette, par la dureté de ses enduits, et par la capacité de son ouverture cintrée, qui mesure $1^m,25$ de haut sur 45 centimètres de large, et devait donner passage à un volume d'eau considérable[2].

. La Société archéologique de l'Orléanais a bien voulu publier, dans le 4ᵉ volume de ses *Mémoires* et dans le 3ᵉ volume de ses *Bulletins*, des notices sur ce sujet, en attendant le mémoire détaillé que je prépare, et qui paraîtra aussitôt que j'aurai complété la découverte de l'aqueduc, en trouvant son point d'arrivée au milieu des ruines de la ville antique.

Au mois de juillet de l'année dernière, Sa Majesté l'Empereur, dont l'intelligente et active sollicitude s'étend à tout et à tous avec cette munificence dont la science archéologique a reçu tant de précieux témoignages, sur la demande que j'avais pris la liberté de lui adresser et grâce au bienveillant appui du premier magistrat de notre département, ainsi qu'à celui de la Société archéologique de l'Orléanais, a daigné m'accorder un secours de 2,000 francs, pour m'aider à continuer mes recherches.

Les travaux auxquels je me suis empressé de consacrer le premier encouragement dont l'Empereur a bien voulu m'honorer

[1] Voyez la carte de la planche XI.
[2] Voyez la planche XII, fig. 1 et 2.

avaient pour but principal de découvrir la portion de l'aqueduc qui avoisine les ruines, ainsi que son point d'arrivée, et de mettre à jour les établissements hydrauliques, bassins, réservoirs, bains, qu'il alimentait et dont j'avais précédemment remarqué d'intéressants vestiges.

Ces résultats étaient du plus grand intérêt, car, en complétant la découverte d'un aqueduc antique, ils nous plaçaient au centre d'une ville romaine, dont ils nous révélaient l'importance, et nous conduisaient infailliblement à d'autres découvertes.

Mes recherches sont loin d'être terminées sur le vaste champ de ruines où elles ont à s'exercer. Toutefois, en attendant que je puisse reprendre ce travail, j'ai cru que les fouilles déjà exécutées, et les découvertes qu'elles ont amenées pourraient offrir quelque intérêt. Je serais surtout heureux de recevoir de la bienveillance des honorables savants qui m'entourent des conseils et des encouragements pour mes travaux à venir.

C'est vers la fin du mois d'août dernier que je me suis mis à l'œuvre, aidé du concours intelligent et dévoué de M. Pillard, médecin à Ladon (Loiret) et membre de la Société archéologique de l'Orléanais, qui depuis longtemps déjà est associé à ces travaux.

Pour qu'on puisse suivre plus facilement nos explorations et mieux comprendre nos découvertes, il me paraît utile de faire une description sommaire des lieux qui en ont été le théâtre, et d'y joindre quelques plans et dessins provisoires, dressés et exécutés sur place et d'une complète exactitude.

En quittant le bourg de Sceaux pour se rendre au Pré-Haut, on suit la grande voie romaine dite *chemin de César,* qui s'avance à l'est dans la direction de Sens, ayant à droite les marais où coule la rivière du Fusain, et à gauche la plaine de Château-Landon. A 2 kilomètres 400 mètres de Sceaux, ce chemin, qui jusque-là dominait la campagne, descend par une pente douce, en suivant le mouvement du terrain, qui forme en cet endroit un ravin ou petite vallée, laquelle, partant des marais, s'avance vers le nord, à une distance d'environ 400 mètres avec une largeur de 100 mètres. Son bord, en pente douce du côté de l'ouest, atteint, en s'éloignant, une assez grande hauteur, et forme le coteau sur lequel s'élevait la partie principale de la ville; à l'est, au contraire, son talus est escarpé et taillé à pic.

Cette dépression du sol n'est qu'en partie l'œuvre de la nature. Pour l'observateur attentif, il est évident qu'elle a été modifiée, régularisée par des travaux considérables de main d'homme, pour une destination d'une importance manifeste. Elle divise en deux parts le terrain rempli de ruines qu'on nomme *le Pré-Haut.*

C'est sur ce point que nous avons pratiqué nos premières fouilles, dans le but de découvrir l'embouchure de l'aqueduc et les autres monuments qui devaient s'y rattacher.

Ce n'est qu'après de longs et pénibles travaux, et au moyen de tranchées qui atteignaient parfois une profondeur de 3 à 4 mètres, que nous sommes parvenus à voir un peu clair dans ce sol composé de débris d'édifices, sillonné de substructions de toutes sortes; et, bien que de nombreux détails nous échappent encore, j'ai acquis la certitude qu'en cet endroit existaient des monuments qui, pour leurs proportions au moins, avaient peu d'analogues dans les Gaules.

Tout le fond de cette vallée était occupé par des bassins, des pièces d'eau, des édifices, qui devaient dépendre les uns des autres et former un unique monument, que, faute d'autre dénomination, j'appellerai un *établissement hydraulique;* à cause des vastes réservoirs qui en faisaient partie[1]. Entouré d'un mur épais et, sur plusieurs points, soutenu par des contre-forts, cet établissement, de forme rectangulaire, n'avait pas moins de 400 mètres de long sur 75 de large. Autant que mes fouilles, encore incomplètes, me permettent d'en juger, il était divisé en quatre compartiments, dont les deux situés aux extrémités sud et nord étaient des pièces d'eau ayant chacune plus de 100 mètres de longueur; les deux autres compartiments, formant des terre-pleins, contenaient des édifices dont je n'ai pu encore étudier complétement les substructions, mais qui me semblent avoir été destinés à des bains. La solide et belle muraille qui enfermait tout cet ensemble de réservoirs et de monuments longeait, au sud, le chemin de César, qui de ce côté

<hr>

[1] Voyez planche XII, fig. 3.

servait de limite à l'établissement, et sous la chaussée duquel devait se trouver un conduit de décharge pour l'écoulement des eaux vers la vallée et la rivière du Fusain.

A l'extrémité opposée, c'est-à-dire au nord, ce mur n'est pas complétement en ligne droite, comme sur tout le reste de son parcours. Il présente deux courbes symétriques, au moyen desquelles il se relie à tout un système de constructions remarquables par leurs formes et leurs grandioses dimensions. Toute cette partie du vaste établissement hydraulique a un aspect monumental, qui appelle l'attention et qui sera plus tard l'objet de nos études.

L'emplacement était admirablement choisi. La manière dont on a tiré parti de ce pli de terrain donne une grande idée de la science et de l'habileté des ingénieurs qui ont exécuté le travail, et atteste en même temps le haut degré de civilisation auquel était arrivée la population qui faisait construire de pareils monuments.

On peut s'en convaincre en considérant les plans que nous avons dressés : l'aqueduc, venant du sud, traversait une partie de la ville pour atteindre un point élevé, puis, revenant sur lui-même, versait ses eaux dans un premier bassin. De là, par une pente naturelle, ses eaux se répandaient dans toutes les parties du vaste établissement, où elles étaient sans cesse renouvelées; et du dernier réservoir, qui était le plus grand, elles s'écoulaient dans le marais et la rivière, après avoir passé sous la voie romaine ou chemin de César.

Des emplacements revêtus de dalles, de sable, de béton, de mortier, de ciment rouge, et des débris de constructions découverts sur les bords de l'établissement, permettent de penser qu'une chaussée, ainsi que des édifices de divers genres l'entouraient de toutes parts. Parmi les objets trouvés sur plusieurs points et particulièrement dans une profonde tranchée partant du chemin de la Ruelle et dépassant le grand mur d'enceinte, je mentionnerai surtout :

1° Des pans de murs, revêtus d'enduits aux couleurs rouges, bleues, vertes, jaunes, bien conservées et vives encore, malgré leur long séjour dans la terre humide;

2° Des fragments de poteries de grande et de petite dimension, de pâtes et de couleurs variées; quelques-uns plus remarquables, en pâte rouge, ornés de dessins et de figures en relief;

3° Des débris de vases de verre très-fin et de formes gracieuses ;

4° Des aiguilles d'os ou d'ivoire et de bronze ;

5° Des boutons de bronze, d'une forme connue et usitée encore aujourd'hui ;

6° Une petite cuiller d'os ou d'ivoire ;

7° Des os de mouton, de poulet, etc. et surtout des écailles d'huîtres en quantité considérable ;

8° D'énormes modillons de pierre dure, provenant d'un édifice de grandes dimensions.

A ces découvertes je dois joindre celle de hachettes de silex, de débris de poteries qui, par leur matière et leur forme, semblent appartenir à l'époque celtique, et d'ossements d'animaux calcinés, recueillis dans un puits funéraire.

La partie la plus intéressante de cette vaste enceinte est celle du nord, où, comme je l'ai dit, les murs, d'une épaisseur considérable (1^m,60), se rattachent à des substructions nombreuses, dont quelques-unes ont la forme circulaire.

Des fouilles pratiquées le long de la paroi intérieure de ce gros mur, dans le but de mesurer la profondeur du bassin et de découvrir la porte de l'aqueduc, mirent à jour :

1° De gros fragments de colonnes cannelées de calcaire coquillier, d'un diamètre de 60 centimètres ;

2° Des fragments de corniches, de volutes, de feuilles d'acanthe de pierre et de marbre ;

3° De très-nombreux morceaux de marbre de toutes couleurs, ornés de moulures ;

4° Des briques striées, sillonnées de lignes et de dessins très-variés.

5° La pièce la plus importante et la plus curieuse est un chapiteau d'ordre composite, d'un grand style et d'un beau travail. Il est de calcaire coquillier, comme les fragments de colonnes, et a le même diamètre (50 à 60 centimètres). Malgré un séjour de quatorze à quinze siècles dans le sol humide, il est assez bien conservé, et pourrait figurer avantageusement dans le musée historique d'Orléans.

A une profondeur de 2 mètres, l'eau, qui s'amasse et qui séjourne toujours dans ces bassins ruinés, pleins de débris et de tourbe, envahit la tranchée et ne permit pas de poursuivre le travail. La sonde plongeait encore à 2 mètres plus bas pour atteindre le fond solide du bassin, qui avait ainsi une profondeur d'environ 4 mètres. Cet incident était d'autant plus regrettable, que dans ces bas-fonds devaient se rencontrer les objets les plus curieux, tombés les premiers lors de la catastrophe qui a ruiné ces beaux édifices. Mais ce que nous avons recueilli suffit pour nous prouver que, sur ce point culminant, existaient, comme nous l'avions conjecturé, des portiques avec colonnades, sculptures et ornements de marbre, etc.

Ma préoccupation était toujours la découverte de l'aqueduc, dont l'embouchure, d'après nos calculs, devait se trouver non loin de cet endroit. Je découvris en effet un conduit souterrain, qui avait les dimensions, la forme de l'aqueduc; mais ce n'était qu'un tronçon long de 7 mètres, ayant son ouverture dans le gros mur du bassin, passant sous la chaussée qui l'entoure et communiquant avec un réservoir que je n'ai pu encore débarrasser des masses de terre qui l'encombrent. J'ai trouvé là une sonnette romaine bien conservée.

Des fouilles pratiquées en remontant au nord, pour retrouver l'aqueduc, amenèrent la découverte de substructions nombreuses, de surfaces revêtues de béton, de couches de cendres, de terres calcinées d'une épaisseur considérable, dont la signification se révélera, je l'espère, dans des recherches ultérieures.

A environ 100 mètres plus loin vers le nord, une puissante construction presque à fleur de terre me fit croire un moment que le but si ardemment poursuivi était atteint. C'était un mur épais de près de 2 mètres, flanqué, de chaque côté et à des distances très-rapprochées, d'énormes contre-forts, qui lui donnaient une grande solidité et un imposant aspect. Décrivant une courbe prononcée à mesure qu'il sortait des terres qui le recouvraient, il prenait la direction du sud.

N'était-ce pas le mur qui portait l'aqueduc et qui le conduisait de l'endroit où nous avions perdu sa trace, sur le bord de la vallée, jusqu'aux bassins dont j'ai parlé?

La solution ne se fit pas longtemps attendre. Ce que je venais de découvrir n'était pas un aqueduc, mais un théâtre[1].

---

[1] Voyez planche XII, fig. 4 et 5.

M. Jollois, dans son judicieux ouvrage sur les Antiquités du Loiret, consacre quelques lignes à l'emplacement et aux ruines de l'amphithéâtre de Sceaux. Le temps sans doute et les circonstances ne lui auront pas permis de faire de plus amples recherches et de nous donner, sur la forme, le caractère et les dimensions de ce monument, des détails qui eussent emprunté à sa science et à son talent une si grande valeur.

Je me permettrai donc d'exposer le résultat de mes découvertes et de donner quelques détails, qui ont, je pense, leur intérêt.

Ce monument était un théâtre parfaitement caractérisé, construit dans les meilleures conditions et avec des proportions qui lui assignent une place dans les études archéologiques et historiques.

Des tranchées nombreuses et méthodiques, ouvertes sur plusieurs points de son vaste périmètre, sans me le montrer dans tous ses détails, m'ont permis d'en reconnaître les principales lignes et de l'apprécier dans son ensemble.

Comme dans tous les théâtres romains, la partie destinée aux spectateurs, la *cavea*, formait un demi-cercle, dont la corde ou grand diamètre avait 104 mètres de longueur. Il était adossé à un coteau, qu'un travail assez considérable avait sensiblement modifié. Pour compléter le demi-cercle, des murs énormes avaient été construits des deux côtés et étaient soutenus dans le vide, intérieurement et extérieurement, par des contre-forts, qui se suivaient de 2 mètres en 2 mètres, ayant chacun une épaisseur de plus de 1 mètre.

C'est un de ces murs, celui du nord, que j'avais rencontré en cherchant l'aqueduc, qui a amené la découverte du théâtre tout entier. Un autre mur, relié à celui-ci par d'énormes contre-forts, a été mis à jour récemment; son épaisseur est de 4 mètres. Ces deux murs, ainsi réunis, forment un imposant massif de maçonnerie, large de 7 mètres et long de 46 mètres. Sous le sol exploité par la culture, existent encore de nombreuses portions des murs concentriques qui formaient les gradins et les précinctions, des tronçons des escaliers qui rayonnaient du centre à la circonférence, un large *vomitorium* servant d'entrée et de sortie à une allée qui traverse toute la *cavea.*

Le mur de forme elliptique qui sépare les gradins de l'emplacement surbaissé appelé *orchestre,* dégagé dans toute sa longueur, nous a offert des parties encore bien conservées. Une ouverture large de 2 mètres, pratiquée au milieu de ce mur, semblerait conduire sous les gradins de la *cavea.* Nous éclaircirons ce point à la reprise de nos travaux.

Dans les grands théâtres, un portique ou galerie couverte régnait sur les derniers rangs des gradins, au lieu le plus élevé et le plus éloigné de la scène : c'est là que se réfugiaient les spectateurs lorsque la pluie survenait pendant les représentations. Nous avons retrouvé sur plusieurs points des vestiges nombreux de cette galerie couverte. Sur un de ces points, près du *vomitorium* dont j'ai déjà parlé, s'est présentée une particularité qui me semble mériter d'être signalée : sous les fragments de tuiles à rebord et les débris calcinés des pièces de charpente de la toiture de cette galerie, j'ai trouvé les restes de tout un festin. Au milieu de vases brisés gisaient des ossements à demi calcinés de bœuf, de mouton, de lièvre ou de lapin et d'oiseau, des arêtes de poisson, des mâchoires de brochet, des coquilles de noix et de noisettes, encore entières, mais presque réduites à l'état de charbon : tous les services, en un mot, d'un repas, confondus dans une même ruine.

Les cendres, les charbons, les objets calcinés trouvés dans cette galerie, comme sur tous les points de l'emplacement du théâtre, ne permettent pas de douter qu'il n'ait été détruit par un incendie.

J'ai recueilli une portion des débris, carbonisés ou noircis par le feu, des pièces de ce festin, et aussi des fragments des vases qui les contenaient, et qui tous sont de pâtes et de formes communes.

L'espace occupé par le théâtre est tellement vaste, que nous n'avons mis à jour qu'une partie de ses substructions. Quant à la scène, le terrain qui en contient les ruines se trouvant alors couvert par des ensemencements, nous en avons ajourné l'exploration.

Dans les tranchées ouvertes sur le périmètre de l'hémicycle, parmi les débris dont le sol est plein, j'ai recueilli :

1° Plusieurs stylets de bronze percés d'un petit trou, probablement destiné à recevoir un cordon pour les suspendre; la présence de ces stylets sur ce point a son explication dans un détail de mœurs donné par un auteur du temps, qui raconte que, pendant les représentations du théâtre, les spectateurs écrivaient leurs réflexions sur des tablettes enduites de cire, et les communiquaient à leurs voisins : il devait arriver souvent que ces petits instruments tombaient des mains de leurs propriétaires;

2° Des objets de toilette, agrafes, fibules de bronze; un globule d'or, creux, d'un travail délicat, suspendu à un fil tordu, du même métal : c'était un pendant-d'oreille; un petit gland de bronze, très-joli et pourvu d'une boucle servant à le suspendre; des boutons, également de bronze, ayant la forme des boutons de manchettes qui se portent aujourd'hui;

3° Des monnaies de moyen bronze, dont quelques-unes sont remarquables par leur parfaite conservation et leur belle patine verte; de ce nombre sont : un Antonin, une Faustine, un Volusien, un Alexandre Sévère, un Claude, une Julia Mammea, et d'autres moins bien conservées;

4° Des clous et divers fragments de fer, très-oxydés et très-nombreux, surtout parmi les débris de la galerie couverte;

5° Une grande quantité de morceaux de marbre, de couleurs et de provenances diverses;

Enfin beaucoup d'autres objets antiques, qui nous eussent offert de l'intérêt dans d'autres circonstances, car ce qui nous occupait alors, et ce qui appelait principalement notre attention, c'étaient, avant tout, les substructions des monuments, des édifices et des établissements, pour la découverte desquels ces fouilles ont été entreprises.

Si l'on considère les vastes proportions des monuments dont une partie a été mise à jour sur le territoire de Sceaux, à la suite de recherches et de fouilles à peine à leur début et tout à fait incomplètes, il est impossible de n'être pas frappé de leur importance, de leur valeur en eux-mêmes, relativement à la ville antique dont ils dépendaient et au point du territoire qu'ils occupaient. Cette importance est mise en évidence par un simple rapprochement avec les monuments précédemment découverts dans le département.

L'établissement de bains de Montbouy, décrit par M. Dupuis[1], membre de la Société archéologique de l'Orléanais, a 71 mètres du nord au sud et 61 mètres de l'est à l'ouest.

Celui de Triguères, désigné sous le nom de *grand établissement*, mesure 85 mètres de long sur 60 mètres de large[2].

L'établissement par nous découvert à Sceaux n'a pas moins de 400 mètres de long et 75 mètres de large, couvrant ainsi une superficie de 30,000 mètres, cachant encore, dans sa vaste enceinte et dans ses divers compartiments, quelque destination curieuse, que l'avenir nous révélera.

Le théâtre est dans les mêmes conditions. Nous ne connaissons encore que la partie réservée aux spectateurs. C'est un hémicycle dont le diamètre ou la corde a au moins 104 mètres de long, et ces proportions le classent parmi les plus grands théâtres romains dont les restes se retrouvent sur divers points de la France.

Le théâtre de Triguères n'a que 63 mètres de diamètre[3].

Le théâtre de Fréjus avait un diamètre de 72 mètres.

Le diamètre du magnifique théâtre d'Orange était de 102 mètres.

Le grand axe du théâtre d'Arles avait 103 mètres de longueur, les mêmes proportions que le théâtre de Sceaux. Il avait aussi la même orientation et se trouvait construit dans les mêmes conditions. Son axe allait du nord au sud. A l'est étaient l'orchestre et la *cavea*. Les gradins étaient échelonnés sur le flanc du rocher auquel le théâtre était adossé. A l'ouest se déployaient les constructions de la scène. Je m'arrête à cette description, empruntée à un auteur, parce qu'elle convient de tous points au théâtre dont la découverte nous occupe ici.

Sans entrer dans des calculs compliqués, on peut aussi, au moyen de l'analogie, se rendre compte du nombre de spectateurs qu'il pouvait contenir.

Le théâtre de Triguères, qui était moins grand de moitié, pou-

<hr>

[1] *L'Aquæ Segestæ de la Carte de Peutinger*, mémoire lu au congrès scientifique d'Orléans.

[2] M. Dupuis, *Mémoires de la Société archéologique de l'Orléanais*, t. IV, p. 403.

[3] *Id. Ibid.*

vait, suivant les calculs de M. Dupuis, contenir plus de 7,000 spectateurs.

Le grand théâtre d'Herculanum, avec un diamètre de 78 mètres, contenait 10,000 places.

On est donc autorisé à conclure que le théâtre de Sceaux pouvait donner place à 13 ou 14,000 spectateurs, et l'on ne s'en étonne pas, quand on mesure de l'œil le vaste emplacement qu'occupent ses ruines.

Ce théâtre se trouvait du reste dans une position magnifique, adossé au coteau qui dominait la plaine, faisant face au point culminant où, d'après de nombreux vestiges de substructions découvertes, existait la plus importante partie de la ville antique, et, au delà, trouvant un immense horizon : il se reliait à gauche au grand établissement hydraulique, aux portiques et aux édifices qui l'entouraient, avec lesquels il formait un groupe imposant de monuments grandioses [1].

Bien que mes recherches ne soient qu'à leur début, et que ces belles ruines nous cachent encore leurs plus intéressantes révélations, il est prouvé dès à présent que, sur le territoire de la commune de Sceaux, au lieu dit *le Pré-Haut,* il existait, avant l'invasion des barbares, un centre de population considérable, une grande et riche cité. Était-ce *Vellaunodunum,* ainsi que l'a pensé M. Jollois ?

La question est difficile, je l'avoue, et la découverte de ces ruines romaines ne suffirait pas pour la résoudre, César n'ayant parlé de *Vellaunodunum* que comme d'un oppidum gaulois.

Mais les partisans de l'opinion qui identifie cette localité avec la cité gauloise assiégée par César s'appuient sur d'autres arguments, qui ne nous paraissent pas sans valeur. Quant à nous, les découvertes que nous avons faites de hachettes de silex, de poteries de l'époque celtique, de puits funéraires, nous laissent supposer que cet emplacement a été occupé par un oppidum gaulois. Et, d'après l'examen attentif des lieux, que nous avons très-souvent visités, d'après les inductions tirées du texte même des *Commentaires* et des *Itinéraires* anciens, tout en respectant l'opinion contraire,

---

[1] Voyez planche XII, fig. 3 et 4.

nous inclinons à penser que cet oppidum gaulois pourrait bien être le *Vellaunodunum* mentionné par César.

Toutefois, avant de nous prononcer sur cette question controversée, nous attendrons ce qui pourra résulter de la continuation des recherches commencées.

Les fouilles ont duré depuis le mois d'août jusqu'en novembre. Les pluies et les jours trop courts nous ont forcés de les suspendre au moment où elles étaient le plus intéressantes.

Aussitôt que les circonstances le permettront, nous reprendrons notre œuvre, encouragés par les précédentes découvertes, et aussi par le haut patronage sous lequel elle s'accomplit.

A chacun de mes voyages au Pré-Haut, j'ai recueilli quelques objets, quelques débris antiques, et comme ces voyages ont été très-nombreux, ma collection est devenue considérable; le lot le plus curieux peut-être est celui qui se compose de fragments de marbres et de granits dont je compte plus de vingt variétés, parmi lesquelles il s'en trouve de rares et de précieuses.

Tous ces fragments et débris, que j'ai destinés au musée historique d'Orléans, n'ont sans doute aucune valeur intrinsèque; mais ils ont une valeur réelle pour l'archéologue. Si celui qui les a recueillis trouve en eux un souvenir de fatigues pleines de charme, ils sont, pour tous les autres, les reliques d'une grande cité antique, arrachées au sol sur lequel jadis elle était debout et florissante.

LES

URNES CINÉRAIRES

DU DÉPARTEMENT DE LA CREUSE,

PAR M. A. FILLIOUX,

CONSERVATEUR DU MUSÉE DE GUÉRET.

Avant d'aborder l'examen du monument qui doit faire l'objet spécial de ce mémoire, il nous paraît indispensable de jeter un coup d'œil rétrospectif sur un grand nombre d'urnes cinéraires de ce genre qui ont été signalées dans notre département. Ces sépultures y sont si fréquentes, qu'elles constituent un des points saillants de notre géographie monumentale.

Il serait, sans doute, d'un grand intérêt de déterminer, d'une façon positive, la zone régionale et la période de temps dans lesquelles elles sont comprises ; mais il n'entre pas dans notre plan de pousser nos vues aussi loin, et nous nous contenterons de dire ici qu'elles se rencontrent également dans les départements limitrophes du nôtre : la Haute-Vienne, la Vienne, l'Indre, le Cher, l'Allier et une partie du Puy-de-Dôme.

Elles ont dû même s'étendre jusqu'à la Bourgogne, puisque, dans le programme du congrès scientifique qui eut lieu en 1854 à Dijon, était posée la question de savoir si les sépulcres cinéraires en pierre qui ont la forme d'aiguilles sont particuliers à la Bourgogne, et à quelle époque ils doivent être assignés.

Nous ignorons jusqu'à quel point les sépulcres cinéraires de la Bourgogne diffèrent de ceux de la Marche ; mais nous savons que, dans ce dernier pays, ils n'ont commencé à être étudiés sérieusement que vers 1838. A cette époque, M. Bonnafoux les décrivait avec soin, dans leurs moindres détails, et en réunissait déjà quelques-uns dans une des cours de l'hôtel de ville ; mais ce qui contribua le plus à faire comprendre leur importance, ce furent

les beaux vases de verre, les statuettes, les armes, es bijoux et
ustensiles de toute sorte qu'ils fournirent bientôt aux collections
du musée de Guéret, dont une partie considérable n'a pas eu d'ailleurs d'autre provenance.

J'ai vu, depuis 1847, cette collection s'enrichir d'une façon no-
table, et je me suis attaché particulièrement, à mon tour, à l'étude
de ces tombeaux.

Ils sont presque tous de granit, de forme cylindrique à leur
base et conique à leur sommet; les deux parties dont ils se com-
posent, la base et le couvercle, sont superposées, et c'est au centre
de la surface horizontale supérieure de chaque base que se trouve
pratiqué un trou, de forme ronde, assez large et assez profond
pour contenir le vase de verre ou de terre dans lequel sont réunis
les cendres et les os calcinés du mort. Le bloc que nous venons
de décrire est surmonté, en amortissement, d'une pierre de forme
conique; cette dernière s'emboîte avec la base, au moyen d'une
rainure correspondant à un bourrelet qui fait saillie autour du
trou destiné à contenir le vase cinéraire.

Telle est, sauf un petit nombre d'exceptions, la physionomie
constante de ces monuments. Ils ne dépassent guère en hauteur
$1^m,50$; presque tous ont été trouvés enfouis, tantôt isolés, tantôt par
groupes assez considérables. Quelquefois, le sommet du cône af-
fleure ou dépasse légèrement le niveau du sol. Nous n'en avons vu
qu'un seul, le plus élevé de tous, entièrement dégagé; mais il avait
été fouillé et déplacé. Aujourd'hui vide, il contenait deux vases
d'argile, l'un rouge, l'autre noir. Ce monument est celui qui était
autrefois au village de Peu-la-Pierre, canton de la Souterraine, et
qu'on voit maintenant dans une des salles basses du musée des
Thermes, à Paris. Comme exception, nous en citerons un autre,
trouvé au village de la Vacheresse, qui est carré; mais le trou pratiqué dans la base est lui-même carré et indique, par la moulure de
son pourtour, que le couvercle devait avoir aussi cette forme.

Les localités de notre pays qui ont fourni les spécimens les plus
remarquables sont :

Dans l'arrondissement de Guéret : Saint-Fiel, Vaumoins, Villelot,
Glénic, Montlevade, Saint-Sulpice, les Fougères, Saint-Christophe,

le Mas-Foreaux, la Brionne, Trois-et-Demi, Gartempe et le canton de la Souterraine;

Dans l'arrondissement de Bourganeuf : le village du Poirier, Saint-Moreil, Aulon, Bénévent, Pontarion, Saint-Éloy, Sardent, la Vacheresse, Janaillat, etc.

Dans l'arrondissement d'Aubusson : Ars, Crocq, Issoudun, Chénérailles, la Tour-Saint-Austrille, etc.

Dans l'arrondissement de Boussac : Soumans, Clugnat, Jarnages, Saint-Loup, Toulx-Sainte-Croix, Gouzon, etc.

Cette énumération ne saurait donner qu'une idée très-sommaire de l'abondance de ces monuments dans la Creuse, où l'on pourrait les compter par centaines. On en a déplacé, dans la suite des temps, un grand nombre, pour les transporter aux abords des habitations, et l'on dut avoir, de bonne heure, l'idée de les utiliser en les appropriant à des usages domestiques. On en a surtout fait des mortiers à piler le millet, des bénitiers, des pieds de croix, des bouteroues. A l'entrée des avenues des fermes, on les voit quelquefois groupés par deux, et, comme l'eau du ciel se conserve dans les trous pratiqués sur la surface de chaque pierre, ils servent alors à éteindre les *brandes* ou torches de paille qui éclairent les paysans dans leurs courses nocturnes. Il y a un signe auquel on peut toujours reconnaître l'authenticité de ces monuments, c'est l'existence du bourrelet, d'un ou de plusieurs cercles concentriques en creux au pourtour du trou rond pratiqué dans la pierre. Les couvercles, qu'il était difficile d'utiliser, sont beaucoup plus rares que les bases; on les trouve assez souvent disséminés ou brisés, à une certaine distance. Ces couvercles sont quelquefois ornés de chevrons, de zones ou de zigzags exécutés en creux. Mais, dans le plus grand nombre des cas, ces sépulcres de pierre sont d'un travail grossier, et taillés à très-gros grains; ils ne présentent nulle trace de ces moulures passablement profilées qui font reconnaître le ciseau gallo-romain. Nous n'en connaissons jusqu'à ce jour que deux qui portent des inscriptions; mais ces derniers ont évidemment, comme on le verra, un caractère mixte.

Dans une période de vingt ans, nous avons été à même d'étudier un certain nombre de ces tombeaux, et leur description sommaire nous fournira naturellement l'occasion de faire connaître le mobilier et tous les accessoires qui accompagnent d'ordinaire ces sortes de sépultures.

Première observation.

En 1852, ayant appris que, dans la commune d'Issoudun, canton de Chénérailles, un laboureur venait de trouver, dans un champ, une sépulture antique, nous nous empressâmes de faire l'acquisition de tous les objets dépendant de cette découverte. L'enveloppe de granit, cylindrique selon l'usage, était fermée par un couvercle conique, et contenait une grande patère de bronze, sur laquelle était placée une urne cinéraire de verre, sans anse, à panse renflée, avec un collet et un pied assez étroits; sa hauteur est de 18 centimètres. Cette urne contenait, avec les cendres du mort, une sorte de gobelet assez semblable à ceux qu'on fait encore aujourd'hui; enfin, au milieu de ce gobelet, se trouvait une petite fiole de verre dont les côtés présentent cinq dépressions. Ainsi ces quatre objets se trouvaient tous placés les uns dans les autres. Sur les bords de la coupe de bronze, on voit un guillochis, et sur le fond et les côtés sont estampés des ornements représentant des cœurs, disposés dans un ordre à peu près symétrique; ni armes, ni médailles n'accompagnaient cette urne.

Deuxième observation.

Vers la fin de 1852, l'instituteur communal de Saint-Sulpice-le-Guérétois nous apporta deux petites urnes de verre et une coupe d'argile micacée, de cette couleur noire que donne l'enfumage : ces objets provenaient d'un même tombeau. Les deux petites urnes, pareilles de forme et de dimension, et à panse carrée, rappelaient de tout point celles qui, quelques années auparavant, avaient été trouvées à Montlevade, dans la même commune de Saint-Sulpice-le-Guérétois; les unes et les autres ont une panse carrée, avec un goulot rond, auquel s'attache, à angle droit, une anse plate et large. L'enveloppe de Saint-Sulpice affectait une forme ovoïde; la caisse de Montlevade était carrée, et contenait en outre un anneau de bronze guilloché, ayant environ 6 centimètres de diamètre et quelques perles d'émail bleuâtre.

Troisième observation.

Pendant l'été de 1853, des terrassiers qui travaillaient à une rectification du chemin de Guéret à Laurière, sur un point de la commune de la Brionne, canton de Saint-Vaury, mirent à nu deux tombeaux pareils aux précédents. Ils étaient de forme conique, d'un travail grossier et déprimés à leur sommet. Les urnes de verre qu'ils avaient dû primitivement contenir avaient été déplacées à une certaine époque; on les retrouva brisées, à quelque distance de là, et enfouies à même le sol. Ces deux blocs de pierre sont aujourd'hui placés sur un perron, dans le jardin de M. Adenis, agent voyer en chef.

Quatrième observation.

En 1854, un agent voyer nous apporta de Janaillat, canton de Pontarion, un vase de terre jaune, recouvert d'un grossier engobe rouge, et rempli de cendres. Six urnes de même forme et de mêmes dimensions, toutes contenues dans des enveloppes de granit, avaient été brisées.

Dans cette même localité de Janaillat, on avait déjà fait précédemment de nombreuses découvertes de ce genre; les tombeaux y sont agglomérés, et l'on a trouvé, dans la terre noire qui les environne, des bronzes d'Adrien et de Commode. Parmi les urnes de pierre récemment déplacées, il en existait une qui présentait quelques traces de décorations sculpturales; le musée de Guéret en possède une autre qui offre également à l'œil des intentions d'ornements exécutés en creux.

Cinquième observation.

Vers la même époque, dans le même bourg de Janaillat, on découvre encore deux sépulcres cinéraires de granit, contenant des vases d'argile, d'un travail et d'une couverte analogues aux précédents spécimens; mais ils en diffèrent par d'importants accessoires, qui peuvent servir à préciser l'âge de ces monuments. La première de ces urnes d'argile contenait, parmi les cendres, un poignard dont la garde, très-petite et très-courte, ainsi que la gaîne, sont de bronze; la lame, qui est de fer, était fortement oxydée, et l'on n'a pas pu la dégager du fourreau. Dans une sépulture semblable, découverte, il y a vingt-cinq ans, au village du Poirier, canton de Bourganeuf, l'urne cinéraire de verre renfermait aussi un poignard de bronze, avec lame de fer, mais plus petit et d'une forme assez voisine du précédent. Dans l'urne de Janaillat on a trouvé, de plus, une médaille de l'empereur Adrien, moyen bronze d'une assez bonne conservation. La seconde urne d'argile ne contenait que des cendres, mais sur la panse avait été tracé grossièrement, avec une pointe, le chiffre romain VII.

Nous l'avons dit plus haut, ces sépulcres de Janaillat sont agglomérés et constituent un véritable cimetière; d'autres enveloppes de pierre, de forme tantôt conique, tantôt pyramidale, sont voisines de celles qui ont été déjà ouvertes.

Non loin de là, au village de la Vacheresse, on en trouve d'autres, qui, en assez grand nombre, sont employées comme matériaux dans un mur de clôture.

Sixième observation.

Dans le courant de 1855, M. le maire d'Aulon, canton de Bénévent, nous faisait savoir que des terrassiers, en exécutant des travaux agricoles sous sa direction, avaient découvert, à 1 mètre de profondeur, dans une enveloppe affectant une forme ovoïde et apode, une urne de verre encore remplie de cendres; par surcroît de précautions, elle était recouverte d'une espèce de jatte renversée, d'argile, très-épaisse, d'une pâte et d'un travail grossiers. Le vase de verre, de moyenne dimension, est cette fois de forme cylindrique et légèrement évasé vers les bords. Parmi les cendres et les os calcinés, se trouvait un fragment de fibule de bronze.

Septième observation.

On découvrit encore, vers 1855, aux environs du bourg de Sardent, une autre sépulture, pareille à celles que nous avons déjà décrites. L'urne est de verre d'un ton légèrement bleuâtre; la forme en est très-élégante; la panse, rétrécie vers le pied, va en s'élargissant jusqu'au collet, dont le bord s'évase légèrement. Une médaille fruste de Marc-Aurèle était mêlée aux cendres.

Huitième observation.

Au printemps de 1856, des laboureurs du village de Villelot, commune de Glénic, en déplaçant un bloc de pierre d'un assez fort volume, le virent tout à coup se partager en deux portions : l'une, la base, était cylindrique et creusée dans le milieu ; l'autre figurait une sorte d'amortissement conique ; le trou pratiqué dans le soubassement contenait, selon le rite traditionnel, une grande urne de verre remplie de cendres et d'ossements calcinés.

Ce beau vase, dont les parois sont très-épaisses et qui est d'une pâte remarquable par son ton verdâtre, a 20 centimètres de hauteur et 10 de largeur ; la panse est carrée et surmontée d'un goulot cylindrique, à rebords assez évasés, auquel se rattache une anse large et plate, qui vient aboutir au sommet de la panse, après avoir formé, à la hauteur du goulot, un coude à angle droit.

Non loin du village de Villelot, commune de Glénic, se trouvent les hameaux de Vaumoins et de Bonnavaux, qui sont riches en substructions gallo-romaines. Ces localités ont fourni, il y a environ trente ans, des sépulcres cinéraires très-remarquables. Notre musée possède de nombreux souvenirs du tombeau de Vaumoins, qui était entouré d'ustensiles d'agriculture et de ménage, en fer. La même particularité s'était reproduite, avant nos premières observations : 1° au Mas-Foreaux, où, près de l'urne de pierre, était placée une épée à poignée de bronze (musée de Guéret) ; 2° à Saint-Fiel ; 3° à Saint-Germain-Beaupré (1823-1825).

Neuvième observation.

En juin 1857, on nous signala, au village des Chantrelles, commune de Sardent, un autre sépulcre cinéraire de granit. Celui-ci contenait une petite urne à glacis noir brillant, très-bien tournée et d'une élégance qui rappelle les formes grecques ; elle a 12 centimètres de hauteur et 12 de diamètre ; la panse, renflée, est ornée de deux rangs de guillochis, et présente, à son sommet, une ouverture assez large, surmontée d'un rebord droit, à peine sensible. Dans l'intérieur de l'excavation pratiquée dans la pierre étaient placées cinq médailles, moyen bronze, toutes cinq à l'effigie de

Néron. Une seule est assez bien conservée : elle représente au revers *le temple de Janus fermé,* avec la légende connue de ce type. D'après le témoignage numismatique qui l'accompagne, ce monument ne peut être antérieur au premier siècle de notre ère.

Dixième observation.

Dans les premiers jours de 1862, nous reçûmes avis, par M. le maire de la commune de Clugnat, canton de Châtelus, qu'un laboureur venait de découvrir dans son champ un sépulcre de pierre, de forme conique, et une urne cinéraire de verre. Parmi les cendres et les os calcinés, elle contenait une petite figurine de Vénus Anadyomène, d'argile blanche, un peu noircie par le feu. L'urne de verre est fort belle; la panse est bursiforme et ornée de cercles tracés en creux; elle est brisée un peu au-dessus du collet; mais on peut juger, malgré la cassure, qu'elle devait, à peu de chose près, reproduire le dessin d'un vase à bords larges et renversés.

Onzième observation.

Vers la fin de 1863, nous apprîmes qu'un propriétaire des environs de Bénévent, occupé à faire disparaître des rochers qui encombraient le milieu d'une terre arable, avait découvert un sépulcre de pierre, contenant une grande urne de verre. Elle se trouvait placée dans des conditions semblables à celles que nous avions déjà signalées, mais elle n'était accompagnée d'aucun accessoire. Nous nous empressâmes d'acquérir ce beau vase, encore rempli de cendres; il est pomiforme et sans anse; c'est le plus grand de ceux que possède le musée de Guéret.

Douzième observation.

Dans le courant de la même année 1863, l'instituteur communal de Saint-Moreil, canton de Royère, nous donnait avis qu'un sépulcre cinéraire, semblable à ceux qui se trouvent fréquemment dans la Marche, ayant été découvert dans sa commune, il s'était empressé d'en faire l'acquisition, et, en même temps, il nous adressait, pour le musée de Guéret, une urne de verre sans anse et de forme très-gracieuse. Au-dessus des os calcinés qu'elle contenait, était placé un anneau d'or se fermant par une agrafe comme une boucle d'oreille ou certaines fibules.

Les douze observations consignées ci-dessus offrent, en résumé, tous les faits que, pendant une période de vingt années, nous avons eu le soin de recueillir sur la question qui nous occupe. Pour compléter notre monographie des urnes cinéraires de la Marche, il suffira d'y ajouter les découvertes remontant à 1836, qui ont passé sous les yeux de notre prédécesseur, M. Bonnafoux, et qui d'ailleurs sont déjà publiées.

Les objets accessoires dont nous avons eu occasion de parler sont presque tous au musée de Guéret, qui possède aussi vingt vases cinéraires de verre, dix-huit d'argile, mais seulement sept *réceptacles* de granit, parce que ces pierres sont très-encombrantes, et que nous ne disposons pas d'un local assez vaste.

Les formes principales affectées aux vases de verre sont les suivantes : panses rondes à deux anses et à une seule anse, panses carrées, toujours à une seule anse ; panses pomiformes ou bursiformes, sans anse.

Le mot de *réceptacle*, dont nous nous sommes servi plus haut, appartient à M. Bonnafoux. Il nous a semblé que ce terme, emprunté à l'archéologie latine, devait s'appliquer spécialement aux niches pratiquées dans les murs des chambres sépulcrales ou *columbaria*, et nous croyons, sauf meilleur avis, qu'on serait plus près de la véritable dénomination en employant les mots *cinerarium* ou *conditorium*, qui appartiennent également à la langue archéologique.

Les conclusions à tirer, tant de nos propres recherches que de celles qui les ont précédées, sont les suivantes :

Les caractères spéciaux des monuments cinéraires de la Marche sont, avant tout, leur forme conique et pyramidale ; type essentiellement funéraire, qui remonte à la haute antiquité ; ensuite leur appropriation à l'usage de recueillir les cendres des morts dans des vases de verre ou d'argile, mode qui appartint primitivement à l'antiquité grecque. Ajoutez que les accessoires ne rappellent en rien, ni par la matière, ni par la forme, l'époque gallo-romaine proprement dite. En effet, les poteries sont généralement de cette pâte lustrée d'un glacis noir, obtenu par le procédé de l'enfumage, ou recouvertes d'engobes peu solides. Les galbes sont peu variés, et les ornements se réduisent à des linéaments symétriques et à des guillochis exécutés en creux. La même infériorité relative dans les procédés décoratifs se fait sentir aussi quelque peu dans les vases de verre.

Les ustensiles de ménage et d'agriculture, en tant qu'accessoires funéraires, sont tous de fer, comme dans les tombeaux de Vaumoins et de Bonnavaux, commune de Glénic. Les armes, dont les gaînes, les poignées, les montures, sont, le plus souvent, de bronze, ont des lames de fer, et nous pouvons citer, à l'appui de ce fait : l'épée droite qui accompagnait l'urne du Mas - Foréaux, commune de Saint-Christophe; le petit poignard qui était dans l'urne de verre du village du Poirier, canton de Bourganeuf; le poignard qui a été trouvé également dans l'urne d'argile de Janaillat, canton de Pontarion.

Nous arrivons aux médailles de bronze frappées aux effigies de Néron, d'Adrien, de Marc-Aurèle et de Commode.

Jusqu'à présent, ce sont les seuls indices qui nous permettent de préciser l'âge de nos urnes de pierre. Ces témoignages positifs établissent que les dates à assigner à ces monuments cinéraires doivent être comprises entre le premier et le second siècle de l'ère chrétienne.

Il ne nous reste plus, pour compléter l'ensemble de cette étude déjà un peu longue, qu'à faire connaître et à décrire deux urnes cinéraires de granit, qui diffèrent des autres, tant par leur style mixte ou transitoire, que par leur caractère épigraphique.

La première[1] nous fut signalée en 1853; c'est un large dé de pierre, quadrangulaire, qui a 65 centimètres de hauteur et 60 de largeur. Sur sa face principale est une inscription en quatre lignes, ainsi disposée :

LEPIDINVS

LEPIDI FILIVS

POSVIT DE SVO

V·S·L·M.

---

[1] Voyez planche XIII, fig. 7.

Ce bloc carré, qui a été converti en bénitier, se voit actuellement dans l'église de Budelière, canton de Chambon ; le trou pratiqué dans la surface horizontale du dé contenait d'abord, probablement, un vase cinéraire, car quatre petits trous, placés aux quatre angles de la pierre, indiquent clairement qu'ils étaient destinés à recevoir des tenons ; on en peut conclure que le monument devait être fermé par un couvercle.

Le second de ces sépulcres épigraphiques [1] est aussi le dernier de ceux que nous avons rencontrés sur notre route, et il était de nature à exciter vivement notre attention, car il a un caractère tout particulier et vraiment transitoire. Carré à la base, il prend, dans la partie supérieure et au tiers de son élévation, la forme arrondie des urnes cinéraires du type cylindrique. Sa hauteur est de 70 centimètres ; et sa largeur de 48 ; le diamètre du trou pratiqué dans la surface horizontale et ronde du bloc est de 18 centimètres. Il est entouré d'une moulure saillante, qui indique la place que devait occuper un couvercle conique. Sur la face antérieure de la base carrée, on lit l'inscription suivante ; elle a cinq lignes, dont la dernière se trouve malheureusement coupée :

D · ⩒ M ⩒ (avec un petit D au-dessus du M)

ET MEMOR

I A · M ⩒ S V L

P I C I ⩒ M A C

O C I ⩒ C F I C

L'ustensile en forme de hachette qui, sur le monument [2], se voit entre les deux lettres de la première ligne, et qui est suivi d'un petit D placé au-dessus du grand M, est très-probablement une ascia, comme d'ailleurs doit le faire supposer, avec plus de vraisemblance, le petit D qui vient à la suite, et qu'il convient de considérer comme l'initiale du mot *dedicatum*, employé ici selon la formule habituelle de la consécration sous le signe de l'ascia. C'est la première fois, du moins à notre connaissance, que ce signe se

---

[1] Voyez planche XIII, fig. 7.
[2] Voyez planche XIII, fig. 7.

produit sur une inscription trouvée dans la Marche; il n'existe pas non plus dans le recueil d'épigraphie limousine publié dans ces dernières années par M. l'abbé Texier. L'ensemble de l'inscription doit se lire, indépendamment de la première formule de consécration; D[iis] M[anibus] ET MEMORIA (pour *memoriae*) M[arci] SVLPICI MAOCI ou MACCI, autant qu'il est permis d'interpréter les trois premières lettres mutilées de la cinquième ligne. Les quatre dernières lettres, à la suite, aussi coupées en deux, paraissent être CFIC, et il est plus difficile encore de les interpréter.

En examinant de près l'inscription, on n'aura pas manqué de remarquer que la forme donnée ici à l'ascia n'est pas tout à fait identique avec celle qu'on voit sur les inscriptions du midi de la France et qui, d'ordinaire, a un double tranchant. Toutefois, ce détail, constituant une variété de l'ustensile, pourrait trouver d'autres exemples; il suffit qu'on n'ait pas de doutes à élever sur la signification du petit D. placé à la suite de l'ascia. Ce symbole n'apparaît qu'à une époque déterminée dans les inscriptions romaines de la Gaule. Il peut donc, jusqu'à un certain point, servir à préciser l'âge de notre urne cinéraire.

Ce curieux monument était placé, depuis de longues années, dans la maison d'un paysan, où il servait d'ustensile de ménage; le hasard le fit tomber sous les yeux de M. le docteur Vincent, notre confrère en archéologie, qui s'empressa de nous en procurer l'acquisition. La localité d'où il provient est le village de Chiroux, commune de Saint-Yrieix-les-Bois.

Cette urne cinéraire est aujourd'hui au musée de Guéret, où elle complète utilement un choix de monuments de ce genre, qui tous proviennent du sol de notre vieille Marche.

NOTE

SUR

LA DÉCOUVERTE D'UN HYPOGÉE FUNÉRAIRE

AU MAMELON NÉGRIER,

BANLIEUE SUD DE PHILIPPEVILLE (ALGÉRIE),

PAR M. JOSEPH ROGER,

CONSERVATEUR DU MUSÉE ARCHÉOLOGIQUE DE PHILIPPEVILLE,
CORRESPONDANT DE LA SOCIÉTÉ DES ANTIQUAIRES DE NORMANDIE
ET DE PLUSIEURS AUTRES SOCIÉTÉS SAVANTES.

Depuis le 16 août 1864, époque à laquelle je procédai aux fouilles de l'hypogée du mamelon Négrier, j'ai patiemment attendu, pour en publier les détails, que d'autres découvertes voisines[1] fussent venues appuyer mes observations à l'égard de l'orientation systématique des tombeaux romains.

Maintenant que des découvertes ultérieures me sont venues en aide, j'ai dessiné les détails de cet hypogée, et je les soumets à la réunion des membres des Sociétés savantes. J'ai pu constater que, dans la région du mamelon précité, les tombes et épitaphes sont invariablement orientées *nord-nord-est*.

En procédant à l'ouverture de la première fosse[2], malgré l'état de dépression des tuiles que je rencontrai sous une couche de sable d'environ 15 centimètres d'épaisseur, je pus reconstituer la disposition de ces tuiles. Ces tuiles recueillies, et après qu'on eut enlevé une couche de terre rougeâtre argileuse, laquelle paraissait s'être

---

[1] Voyez planche XIV.
[2] Même planche, plan n° 1.

déposée là pendant plusieurs siècles, je rencontrai une seconde disposition de tuiles plus ou moins effondrées, mais accusant une répétition symétrique du premier rang; puis un autre amalgame de terre argileuse et de racines complétement décomposées; enfin un troisième et dernier compartiment recouvert en tuiles brisées par la pression, mais sans apparence de briques circulaires aux extrémités. Dans ce dernier compartiment, je remarquai que la terre argileuse qui s'y était infiltrée était mêlée avec des ossements humains, lesquels tombèrent en poussière au contact de l'air extérieur.

Dans la deuxième fosse, je découvris les mêmes dispositions et le même état de choses; seulement les trois compartiments étaient effondrés, et le sable qui fermait l'orifice était en partie descendu avec la terre argileuse, dans laquelle je recueillis et pus conserver des ossements en débris et des dents très-résistantes encore, ayant appartenu à un herbivore dont je ne saurais indiquer l'espèce. Dans le dernier compartiment, j'ai trouvé les débris d'un squelette humain. Le crâne était écrasé par la pression, et une moitié de la mâchoire inférieure brisée par la même cause. Je n'ai pu recueillir et conserver que quelques débris d'ossements du squelette, ainsi que le crâne, dont la conservation est due à la terre argileuse qui l'entourait. La position de ce crâne était, comme je l'ai indiqué au plan, dans l'angle sud-ouest de la fosse.

La troisième fosse ne renfermait que des tuiles brisées, des dents d'herbivore et des débris d'ossements humains, entassés pêle-mêle.

Dans la quatrième fosse, malgré tous mes soins, le crâne humain est tombé à peu près en poussière. Il en a été de même des ossements du squelette. Seules, les dents d'herbivore, semblables à celles que m'avait fournies la deuxième fosse, sont restées entières et telles, ou à peu près, qu'elles devaient être au moment de l'inhumation.

La deuxième fosse ne m'a révélé, dans le compartiment inférieur, qu'une couche de chaux éteinte, dont j'ai pu conserver un fragment, et, au-dessus, des ossements en débris, unis à la terre argileuse, et qui m'ont paru appartenir à quelque espèce animale que je n'ai pas reconnue.

Je m'abstiens d'entrer dans plus de détails sur ces fouilles. J'ajoute seulement que, en 1865, j'ai pu relever la position d'un autre hypogée, non loin de celui-ci. Le massif de maçonnerie ayant mieux protégé le dépôt confié à la tombe, j'ai été assez heureux pour y recueillir deux crânes humains, qui sont conservés au musée.

Je ne m'étendrai pas davantage sur les ruines que je viens d'indiquer. Les planches ci-jointes.[1] en feront mieux comprendre les détails que ne le feraient les descriptions que j'y pourrais ajouter.

[1] Voyez planches XIV et XV.

[Nous croyons devoir reproduire ici, en les interprétant, les cinq inscriptions dessinées sur la planche XV.

A

D ⌄ M

Q⌄OVINIVS

NICANOR

V⌄A⌄LV

D[iis] M[anibus]. Q[uintus] Ovinius Nicanor. V[ixit] a[nnis] LV.

B

C⌀CELLIVS

L⌀F⌀QVI

PONTICVS

V⌀A⌀LV

H⌀S⌀E

C[aius] Cellius (ou peut-être *Gellius*), L[ucii] f[ilius], Qui[rina *tribu*], Ponticus. V[ixit] a[nnis] LV. H[ic] s[itus] e[st].

C

Q⌄CAESIVS⌄Q

f.QVIR⌄CRE*s*

CE*n*S⌄VIXIT

A⌄LXXXIV

H⌄S⌄E

Q[uintus] Caesius, Q[uinti] f[ilius], Quir[ina *tribu*], Crescens. Vixit a[nnis] LXXXIV. H[ic] s[itus] e[st].

D

D   M   S

L·SISVSViXN

XXHSE

D[iis] M[anibus] s[acrum]. L[ucius] Sisus. Vix[it] an[nis] XX. H[ic] s[itus] e[st].

E

D   M   S

S I C V

VIXAXXI

N

H   S   E

D[iis] M[anibus] s[acrum]. Sicu. Vix[it] an[nis] XXI. H[ic] s[itus] e[st].

Dans cette dernière inscription, qui est surtout remarquable par sa barbarie, le graveur avait oublié un N avant le chiffre XXI de la troisième ligne. Il a cherché à réparer cet oubli en mettant cette lettre à la ligne suivante. — *Note de la commission des impressions.*]

LES MONUMENTS FUNÉRAIRES

DU MORBIHAN,

DEUXIÈME PARTIE[1],

PAR M. L. ROSENZWEIG,

MEMBRE DE LA SOCIÉTÉ POLYMATHIQUE DU MORBIHAN.

———◦◦◦———

Monuments romains.

Si l'on est surpris de la quantité prodigieuse de monuments funéraires celtiques qu'on rencontre dans le Morbihan, on ne l'est pas moins de l'absence presque complète de sépultures romaines; du moins n'y connaissons-nous jusqu'à ce jour ni puits sépulcraux, ni *columbaria,* ni stèles. Peut-être les fondations des vieilles murailles de la cité vénète, si quelque occasion se présentait un jour de les mettre à découvert, nous révéleraient-elles en partie, comme pour d'autres villes, la cause de ce silence de plusieurs siècles. Toujours est-il que, relativement à cette période, nous n'avons pas autre chose à faire que d'énumérer une quinzaine de vases funéraires en terre cuite, recueillis sur divers points du département :

Près de Signau, dans la commune de Pontivy, vase trouvé en 1829, contenant des cendres, des fragments de charbon et cent vingt-deux monnaies romaines;

Dans une lande, près du bourg de Lizio, urne cinéraire recouverte et entourée de pierres plates;

Dans une autre lande, près de Trégaro en Sérent, vases funéraires remplis de cendres et d'ossements calcinés;

Urnes cinéraires trouvées près du champ de la Maladrerie en Rieux;

[1] Voyez les *Mémoires lus à la Sorbonne* en 1867, *archéologie.*

Sept vases découverts, en 1856, au Resto en Moustoirac, avec des clous et des fragments de bois décomposés; ils sont aujourd'hui au musée de Vannes;

Autres urnes trouvées plus récemment sur la lande de Talhouet en Questembert et sur celle de Lanvaux en Saint-Congard, et pareillement déposées au musée.

Monuments chrétiens.

On n'a révélé jusqu'à présent dans le Morbihan ni cimetières des premiers siècles de l'Église, ni fanaux ou lanternes des morts, ni chapelles sépulcrales proprement dites. D'autre part, nous avons déjà traité dans cette enceinte la question des lechs-tombeaux et celle des croix funéraires[1]; nous n'y reviendrons pas, quoique la première de ces études attende un complément, que nous espérons pouvoir lui donner un jour. Mais il nous reste à dire quelques mots des autres sortes de monuments tumulaires; cercueils, dalles, tombes levées, statues, etc. Nous emprunterons encore ici au *Répertoire archéologique du Morbihan* la mention des différents objets de ce genre que nous avons à signaler.

De même que l'époque celtique avait ses tombeaux souterrains, les dolmens, et ses tombeaux apparents, les menhirs et les tumulus, l'ère chrétienne possède aussi ces deux espèces de monuments. Nous n'essayerons point d'établir cette distinction parmi les cercueils que nous connaissons, leur aspect ne nous fournissant pas, à cet égard, d'éléments assez caractéristiques; nous croyons cependant que la plupart ont dû être enfouis. Il serait également difficile de leur assigner des dates positives, l'usage des coffres de pierre s'étant perpétué, suivant M. de Caumont, jusqu'au xviiᵉ siècle; toutefois nous adopterons l'opinion, généralement reçue, d'après laquelle ils n'existeraient qu'à titre d'exception postérieurement au xivᵉ siècle.

Les plus anciens cercueils affectaient la forme rectangulaire; le Morbihan n'en possède pas; mais les cercueils rétrécis vers les pieds, avec couvercle en biseau, en dos d'âne, ou sans couvercle, y sont

---

[1] *Mémoires lus à la Sorbonne en 1863 et 1864, archéologie.*

assez nombreux; ils sont tous de granit, et ne présentent, pour la plupart, aucune sculpture. Quelques-uns portent une inscription, tantôt à l'intérieur, comme le cercueil de Lomarec, dans la paroisse de Crach, dont la date remonterait, suivant M. Hersart de la Villemarqué, au delà du vi[e] siècle[1], tantôt à l'extérieur, comme les tombeaux des abbés Riocus et Félix (xie siècle) à Saint-Gildas-de-Rhuis, qui offrent, en outre, sur le couvercle, une croix pattée en relief.

Pour tenter un classement de ces cercueils par ordre chronologique, nous citerons, après celui de Lomarec, ceux de Béganne, de Marzan [quatre] et de Langonbrach en Landaul, dans lesquels le rétrécissement vers les pieds est plus accusé. A leur suite, nous rangerons ceux qui présentent à la tête un évidement carré ou arrondi; tels sont les tombeaux de Saint-Germain en Elven, de Molac, de Coetdihuel en Sarzeau, de Saint-Morvan en Cléguérec, de Noyal-Pontivy. A ces cercueils, généralement peu profonds, nous ajouterons, pour mémoire, les tombes anciennes de Saint-Gildas, de Saint-Goustan, de Riocus et de saint Félix, à Saint-Gildas-de-Rhuis, dont le couvercle, encore en place, ne permet pas de distinguer la forme de la tête.

Les dalles funéraires en pierre sont très-communes dans le département, quoiqu'elles aient été, là comme ailleurs, exposées à diverses causes de destruction. Placées en effet, soit à l'extérieur de l'église, au pied de ces vieux ifs dont le nombre diminue de jour en jour dans nos campagnes, par suite de la translation des cimetières, soit à l'intérieur, où elles servirent de pavage jusqu'à la fin du xviiie siècle, malgré les ordonnances et arrêts contraires à ces sortes d'inhumation, elles avaient à subir, d'une part, les injures de l'air, de l'autre, les outrages journaliers du piétinement des fidèles. Les plus anciennes que nous connaissions sont précisément dans ce dernier cas; ce sont les tombes des quatre enfants de Jean Ier, dit *le Roux,* duc de Bretagne (milieu du xiiie siècle), encastrées dans le pavage du chœur de Saint-Gildas-de-Rhuis, à côté de celle d'une fille de Jean IV (fin du xive siècle); ces dalles, avec personnages

---

[1] *Mémoire sur l'inscription de Lomarec;* Paris, 1858.

gravés en creux et inscriptions à la bordure, sont aujourd'hui presque frustes; leur forme est celle d'un carré long de 1^m,80 sur 50 centimètres environ.

Nous rapporterons aussi au xive siècle une dalle de Pluneret, de 2^m,50 sur 1 mètre, offrant pareillement un personnage et une inscription fruste en lettres onciales, et une autre de Vannes, avec personnage et inscription sans date, se distinguant néanmoins des précédentes par un rétrécissement vers les pieds.

C'est encore au xive siècle qu'appartient la plus belle pierre tumulaire que possède le Morbihan, celle de Locmaria en Plœmel[1]. Cette pierre, parfaitement conservée, longue de 3 mètres et large de 1^m,50, présente, gravée en creux, l'effigie d'un chevalier, en prière, entouré de huit personnages dans l'attitude de la douleur; ses pieds reposent sur un lévrier, sa tête sur un coussin. Les huit personnages sont encadrés, quatre de chaque côté, dans les compartiments égaux de deux pilastres à pinacle, reliés au sommet par un arc à cintre brisé, surmonté d'un pignon à crochets et chou épanoui; au-dessus du pignon, deux anges tiennent des encensoirs. Toutes ces pièces d'architecture sont richement ornées de trilobes, trèfles et quartefeuilles; les angles de la pierre, ainsi que les pilastres, sont, en outre, chargés d'écussons. Enfin une inscription, qui a été publiée, remplit toute la bordure et porte la date de 1340.

Au xve siècle, les dalles funéraires abondent, avec dessins en creux ou en relief; les inscriptions, où l'on n'emploiera bientôt plus que les caractères gothiques, deviennent rares (Saint-Malo-de-Beignon, 1412; Saint-Gildas-de-Rhuis); le milieu de la pierre est quelquefois occupé par un personnage (Stival près Napoléonville, Prières en Billiers), quelquefois par une épée seule (Guilliers) ou accompagnée d'un écusson (Saint-Gildas), le plus souvent par une croix (Pluherlin), presque toujours composée ou cantonnée de circonférences ou de portions de circonférences diversement agencées (Landaul, Lecoal-Mendon, Saint-Mériadec en Plumergat, Malguénac [deux], Pluneret, Plœren, Saint-Gildas, Saint-Malo-de-

---

[1] Voyez, dans l'album de Cayot-Délandre, le dessin de Bassac, gravé par Klein.

Beignon, Saint-Avé). La croix est souvent elle-même flanquée, soit d'une crosse, soit d'une épée et d'un écusson indiquant la qualité du défunt (Saint-Gildas, Pluneret [deux], Berric, Plœren, Pluherlin).

Les tombes plates du xvi⁰ siècle, plus nombreuses encore que celles du xv⁰ siècle, se distinguent généralement de celles-ci par leur forme, qui redevient rectangulaire, par l'emploi de la langue française et des caractères romains dans les inscriptions, qui reparaissent et commencent même à couvrir entièrement la dalle, usage qui se perpétuera dans les deux siècles suivants. Du reste, le galbe de la croix, le costume du personnage et les divers objets qui l'accompagnent, crosse, écusson, épée, calice, instruments de métier, fournissent, au besoin, les éléments nécessaires à la distinction des époques.

Si les tombeaux plats des églises étaient exposés à disparaître par suite du repavage ou de l'exhaussement du sol, les tombes levées, que nous ne trouvons jamais qu'à l'intérieur, ne l'étaient guère moins, par la raison qu'elles gênaient la circulation : aussi ces dernières sont-elles assez rares, d'autant plus que leur prix en faisait exclusivement le partage des personnages remarquables par leur richesse, leur puissance ou leur sainteté. Les tombes levées du Morbihan, à l'exception de celle de Saint-Gobrien en Saint-Servant, sont toutes surmontées de la statue du défunt, en marbre ou granit, *gisante* et en plein relief, dans le costume et avec les attributs qui le distinguaient pendant sa vie, comme sur les dalles funéraires, la tête reposant uniformément sur un coussin, les pieds sur un lion ou sur un chien, le tout accompagné d'une inscription et rehaussé par des sculptures sur les faces du socle. Nous citerons, par exemple, pour le xiv⁰ siècle, les tombeaux des ducs Jean II et Jean III à Ploërmel; pour le xv⁰ siècle, celui de saint Léry, celui du connétable de Clisson et de Marguerite de Rohan, sa femme, à Josselin; pour le xvi⁰ siècle, celui de saint Clair, à Réguiny, et quatre autres du couvent des Carmes à Ploërmel, parmi lesquels se trouve celui de Philippe de Montauban, chancelier de Bretagne; enfin, pour les deux derniers siècles, les tombeaux de la Croix-Helléan, de Locmaria en Grandchamp, et ceux de quelques évêques, à la cathédrale de Vannes. Nous avons donné ailleurs la description

de ces divers monuments, ainsi que celle de plusieurs statues tumulaires, aujourd'hui séparées de leur socle et plus ou moins mutilées,
mentionnées au *Répertoire*, aux articles VANNES, CLÉGUER, CAREN-
TOIR et HENNEBONT.

Pour obvier à l'inconvénient dont nous parlions plus haut et
prévenir l'encombrement des tombes levées dans les églises, on avait
imaginé, au XVᵉ siècle, les statues tumulaires sur encorbellement,
appliquées à une certaine hauteur contre la muraille ou les piliers,
au-dessus du tombeau souterrain. Nous n'avons pas remarqué de
monuments de ce genre. Mais on avait obtenu le même résultat
longtemps auparavant, par l'usage du tombeau arqué, c'est-à-dire
placé sous une arcade pratiquée dans le mur même de l'église. Cette
sorte de sépultures, très-répandue en Bretagne, y est particulièrement connue sous le nom d'*enfeu*. L'enfeu était le privilége exclu-
sif du seigneur de la paroisse, avec le banc à accoudoir et l'écusson
à la maîtresse vitre.

Bien que l'usage du tombeau arqué soit ancien, puisque nous
le trouvons en vigueur à l'époque romane (Saint-Gildas-de-Rhûis),
c'est surtout à partir du XVᵉ siècle et du XVIᵉ qu'il devient général,
et que l'arcade s'orne de sculptures, d'écussons ou d'inscriptions, au
détriment du tombeau proprement dit, qui n'est plus figuré que
par une simple table. Nous avons signalé quelques enfeux à Lan-
guidic, Plumergat, Elven et Béganne.

Il nous reste enfin à parler d'une dernière espèce de monuments
funéraires assez moderne, et spéciale, croyons-nous, à la basse
Bretagne; car nous l'avons principalement rencontrée dans la partie
nord-ouest du département (Langonnet, le Faouet, le Saint, Séglien,
le Croisty en Saint-Tugdual, etc.); c'est le *reliquaire* ou ossuaire, petit réduit couvert, généralement accolé à l'un des angles de l'église,
dans le cimetière, creusé à une certaine profondeur et entouré
d'un muret relié à la toiture par des colonnettes plus ou moins
travaillées. C'est là que sont recueillis les ossements retirés de terre
chaque jour par suite des inhumations nouvelles; c'est là qu'on
remarque ces curieux coffrets de bois dont l'usage nous est révélé
par l'inscription que porte chacun d'eux : *Cy est le chef de N.*

NOTICE

SUR

LES ANCIENNES CHÂSSES

DE SAINT-MARTIN DE TOURS,

PAR M. CH. L. GRANDMAISON,

PRÉSIDENT DE LA SOCIÉTÉ ARCHÉOLOGIQUE DE TOURAINE,
ARCHIVISTE D'INDRE-ET-LOIRE, CORRESPONDANT DU MINISTÈRE DE L'INSTRUCTION PUBLIQUE.

L'art de l'orfévrerie a été cultivé en Touraine avec un véritable succès et y a jeté un grand éclat [1]. Les trésors des églises de Saint-Julien, de Saint-Gatien, de Marmoutier et surtout de Saint-Martin étaient remplis d'objets précieux, dus pour la plupart à des artistes tourangeaux. Malheureusement tous ces chefs-d'œuvre de l'art de nos pères ont été, en 1562, jetés par les protestants dans les fourneaux des fondeurs et convertis en lingots. Aujourd'hui il n'en subsiste plus que le souvenir et quelques rares et vagues mentions consignées dans de froids inventaires. De ces pièces d'orfévrerie, les plus considérables et les plus ornées étaient assurément les châsses, qui, en 1493, se trouvaient au nombre de dix-huit au moins dans le seul trésor de Saint-Martin, et entre ces

---

[1] Un volume de documents inédits pour servir à l'histoire des arts dans cette province, que nous publierons très-prochainement, ne laissera subsister aucun doute à ce sujet; nous espérons même que désormais Tours ne sera plus seulement renommé pour ses peintres et ses sculpteurs, et que son école d'orfévrerie prendra le rang qui lui est dû à côté de celles de Limoges, de Paris et de Montpellier. Ajoutons que ce fait n'a rien qui doive surprendre, car, au moyen âge encore plus que de nos jours, tous les arts étaient frères; la sculpture et l'orfévrerie notamment se confondaient, et étaient souvent pratiquées par les mêmes mains.

châsses brillait d'un éclat incomparable celle du glorieux patron de la Touraine et de la Gaule entière, saint Martin, dont la renommée s'étendait jusqu'aux limites de la chrétienté.

Les reliques de saint Martin, conservées dans l'église de ce nom pendant près de quatorze siècles, n'ont pas toujours été renfermées dans la même châsse; et c'est sur ces différents reliquaires que nous avons essayé de réunir des indications aussi précises que le permettent les textes, malheureusement bien vagues et bien peu explicites, qui sont venus jusqu'à nous.

Le corps de saint Martin fut d'abord confié à la terre, dans le nouveau cimetière des chrétiens, situé à environ cinq cent cinquante pas de l'antique *Cesarodunum*, et sur le lieu même où s'éleva plus tard la célèbre basilique construite par saint Perpet.

Grégoire de Tours, qui nous a donné une description assez détaillée de cette église, regardée, au vi[e] siècle, comme la plus magnifique de toute la Gaule, ne parle nulle part d'une châsse de saint Martin, mais seulement de son tombeau, et l'on est forcé de conclure de différents passages du pieux écrivain que ce tombeau était de pierre et quelque peu élevé au-dessus du sol.

La première mention d'une châsse de saint Martin que nous ayons rencontrée appartient au viie siècle; elle est tirée de la Vie de saint Éloi, par saint Ouen, son contemporain et son ami. Saint Ouen termine ainsi l'énumération des reliquaires exécutés par saint Éloi : « Sed præcipue beati Martini apud Turones, Dagoberto rege impensas præbente, miro opificio ex auro et geminis thecam confecit, sanctique Bricii fecit tumbam [1]. »

Il faut remarquer ici que saint Ouen, qui avait pu voir les nombreuses châsses sorties des mains de saint Éloi, met celle de saint Martin au-dessus de toutes les autres, ce qui prouve qu'elle était de la plus grande magnificence. Saint Ouen ajoute immédiatement après ces mots : « Itemque aliam in qua corpus beati Martini antea jacuerat eleganter composuit. » Voilà bien l'indication positive d'une châsse dans laquelle auraient été renfermées les reliques de saint Martin antérieurement à saint Éloi; mais rien ne nous

---

[1] *Vita sancti Eligii*, l. I, c. xxxii.

donne l'époque de la fabrication de cette première châsse, rien ne prouve surtout qu'elle remontât jusqu'au temps de saint Perpet, et l'objection qu'on peut tirer du silence absolu de Grégoire de Tours conserve toute sa valeur.

La forme de la châsse due à saint Éloi nous est complétement inconnue ; quant à l'époque précise de sa fabrication, elle n'est pas facile à déterminer ; cependant, comme saint Ouen dit, dans un autre passage[1], que saint Éloi l'exécuta étant encore laïque, et qu'elle fut faite aux frais du roi Dagobert, il est permis d'en fixer la date aux environs de l'année 640.

Ici vient se placer dans l'ordre chronologique un texte de la fin du IXe siècle, attribué à Herberné, abbé de Marmoutier et archevêque de Tours, par Baluze, Mabillon et dom Rivet. Dom Housseau, il est vrai, conteste cette attribution, mais l'antiquité du document lui-même ne semble pas douteuse ; il donne de la châsse de saint Martin une description que Gervaise, dans sa Vie du saint[2], et bien d'autres après lui ont cru pouvoir appliquer à une châsse exécutée, par les soins de saint Perpet, dès le Ve siècle, et il faut convenir que cette application résulte du texte lui-même, qui s'exprime ainsi : « Absida siquidem ubi corpus beati Martini continebatur... fusilis erat ex auro et argento quod dicitur electrum, spissitudine duorum digitorum, auctoremque operis beatum Perpetuum insculpto designarat suffragio litterarum et versuum ; nec erat rima, foramen, fenestra vel ostium in ea[3]. » Mais on y lit également que cette châsse était celle qui fut rapportée d'Auxerre : « Quam etiam detulerant ab Autissiodoro, » Or nous venons de voir que, au VIIe siècle, saint Éloi avait fabriqué pour Saint-Martin un reliquaire d'or enrichi de pierres précieuses. Il n'est guère possible de supposer que le chef-d'œuvre de saint Éloi n'ait pas reçu les restes de saint Martin ; il est bien plus probable que, après y être demeuré pendant deux siècles environ, ils en furent tirés au moment où les excursions des Normands forcèrent les chanoines à transporter au

[1] *Vita sancti Eligii*, l. II, c. LV.
[2] P. 281.
[3] Col. 1390 de l'édition de Grégoire de Tours par dom Ruinart, in-folio, Paris, 1699.

loin les reliques de leur glorieux patron. On sait qu'elles furent conduites jusqu'à Auxerre, où elles firent un long séjour. Ces déplacements ont été, du reste, bien plus nombreux qu'on ne le croit généralement, et leur fréquence est attestée par des documents d'une autorité incontestable. C'est alors sans doute que fut exécutée la châsse dont parle Herberne, châsse d'une grande richesse encore, mais simple de forme et facile à transporter. Ce qui me confirmerait dans cette opinion, c'est la particularité, signalée par l'écrivain du ixe siècle, de l'absence de toute ouverture apparente, ce qui indique que les différentes parties du métal avaient été étroitement soudées entre elles. Ne serait-ce pas là une précaution prise contre les mains indiscrètes qui auraient tenté de fouiller le précieux dépôt pendant ces dangereuses pérégrinations? Sans doute l'attribution de cette châsse à saint Perpet subsiste toujours, mais ce n'est point une objection sans réplique, surtout en présence du silence absolu de Grégoire de Tours. En ces temps reculés, la science archéologique n'existait pas; on avait, on a eu encore pendant bien des siècles la coutume de vieillir toutes choses pour augmenter la vénération qui leur était due. Nous en avons, entre autres, un grand exemple dans l'église de Saint-Denis, près Paris, qui est du xiie siècle, et dont, jusqu'à une époque voisine de nous, on a fait remonter la construction au roi Dagobert, parce que ce prince avait élevé une autre église sur le même lieu, au viie siècle. Ne peut-il pas en avoir été de même de la châsse de saint Martin, qu'on aura attribuée à saint Perpet, parce que cet évêque avait procédé à la première translation du corps du saint personnage?

Plus de trois siècles s'écoulent sans qu'on rencontre de nouvelles mentions de notre châsse, et il n'en est parlé qu'à l'époque de la translation du chef de saint Martin par le roi Charles le Bel. La pensée de cette translation remonte à Philippe le Long; mais, comme il fallait une autorisation du pape, ce prince mourut sans avoir exécuté son projet. Charles le Bel, son successeur, le reprit et obtint de Jean XXII l'autorisation nécessaire, mais à la condition expresse que le chef du saint resterait dans l'église et serait, deux fois l'année, exposé à la vénération des fidèles. Le roi avait fait exécuter un reliquaire d'or, en forme de buste, pesant cinquante et un marcs dix onces et enrichi de quarante-deux pierres précieuses. Le soubassement était d'argent doré et pesait trente-huit marcs deux onces. C'est là tout ce que nous savons sur cette précieuse pièce d'orfévrerie, qui fut fondue par les protestants, en 1562. On ignore le nom de l'artiste chargé de ce beau travail, mais on peut croire qu'il dut être confié à des mains habiles entre toutes. Monsnier, qui écrivait sur des documents aujourd'hui perdus, dit que ce fut à des orfévres parisiens. Tours, cependant, possédait alors une corporation d'orfévres dont nous trouvons une liste dans le registre des comptes de la ville pour l'année 1339, et l'abbé Simon, qui gouverna l'abbaye de Marmoutier de 1330 à 1352, faisait faire, à cette époque, pour le grand autel de son église, un magnifique retable d'orfévrerie. Mais le roi avait sans doute plus de confiance dans le talent des ouvriers de sa capitale, et d'ailleurs il faut convenir que le grand mouvement artistique de Tours appartient bien plus au xvᵉ qu'au xivᵉ siècle.

Charles le Bel se rendit à Tours avec une suite aussi nombreuse que distinguée, dans laquelle on remarquait : Charles, comte d'Anjou et de Valois; Louis, comte de Clermont et duc de Bourbon, grand chambellan de France; Philippe, comte du Maine; Robert, comte d'Artois; Alphonse d'Espagne; la reine Jeanne, femme de Charles le Bel, et un grand nombre de comtesses et de nobles dames; l'archevêque de Vienne, les évêques de Carcassonne, d'Arras, du Mans, et Robert de Joigny, évêque de Chartres, qui fut chargé par le roi de présider à la translation.

Le 1ᵉʳ décembre 1323, avant l'aurore, la noble assemblée se trouva réunie dans la basilique de Saint-Martin, dont l'entrée fut interdite au peuple séculier. Là, au milieu des chants religieux de tout le clergé, les ouvriers attaquèrent avec des instruments de fer la partie postérieure du tombeau où était renfermée la châsse; mais, après de longs efforts, ils durent renoncer à leur entreprise; ils furent plus heureux sur la face antérieure, et parvinrent à ouvrir le tombeau. On y trouva une châsse d'argent contenant une cassette ou plutôt une corbeille d'osier (*cistellam saliceam*), dans laquelle le corps du bienheureux confesseur avait été déposé par saint Perpet. Ce corps était, comme celui d'un petit enfant, enveloppé et lié avec des bandelettes blanches, sur lesquelles saint Perpet avait apposé son propre sceau, et accompagné d'une inscription portant ces mots : « Ici est le corps du bienheureux Martin, évêque de Tours. » Sur le refus respectueux du roi de toucher à la tête du saint, l'évêque de Chartres la prit et la montra au clergé, en disant : « Tenez pour certain, mes très-chers frères, que j'ai entre les mains la tête du bienheureux confesseur, votre patron, et que le reste de son corps demeure ici enveloppé dans le même lieu où nous l'avons trouvé. » On entonna le *Te Deum,* et Robert de Joigny, aidé du roi, déposa le chef dans le reliquaire d'or, qui demeura exposé sur l'autel jusqu'à l'heure de prime.

Ce récit, que nous avons abrégé, tout en respectant les parties essentielles, est présenté par Monsnier [1] comme tiré des archives de Saint-Martin, sans doute d'un procès-verbal, aujourd'hui perdu, mais dont les traits principaux semblent avoir été fidèlement conservés et se retrouvent dans les leçons du bréviaire de Saint-Martin. Il pourrait donner lieu à plusieurs observations, notamment en ce qui concerne le sceau de saint Perpet et la corbeille d'osier où étaient contenus les restes de saint Martin. Nous nous bornerons à constater que, d'après le récit de 1323, le tombeau de saint Martin devait s'élever dans le chœur de l'église, être accessible de tous côtés, puisqu'on l'attaque d'abord par derrière, puis par devant, et d'une maçonnerie assez solide pour avoir pu résister longtemps (*diu*) aux instruments de fer des ouvriers. Quant à la châsse qu'il renfermait, nous ne trouvons sur sa forme aucune indication. Cependant, comme il n'est point fait mention qu'on ait éprouvé pour l'ouvrir la moindre difficulté, il est permis de supposer que ce n'était plus la châsse du IXe siècle, décrite par Herberne, et signalée par lui comme exactement close. On pourrait donc voir là une nouvelle châsse exécutée du Xe au XIIIe siècle.

Elle fut replacée dans le tombeau, et y demeura jusqu'au mi-

---

[1] « *Celeberrimæ Sancti Martini Turonensis ecclesiæ historia,* authore M. Radulpho Monsnier, presbytero, ejusdem ecclesiæ canonico et sacræ facultatis Parisiensis doctore theologo; » in-folio, en grande partie manuscrit, conservé à la bibliothèque de Tours; p. 358.

lieu du xve siècle. Dès l'année 1430, Charles VII, qui venait de faire un assez long séjour en Touraine, avait résolu de remplacer cette ancienne châsse, tombant de vétusté, par une nouvelle, plus digne des précieuses reliques qui s'y trouvaient renfermées. Les soins qu'exigeait la conquête du royaume, encore en grande partie aux mains des Anglais, l'obligèrent à différer l'exécution de son pieux dessein. Mais il le reprit lorsque l'œuvre de la délivrance nationale fut plus avancée, et donna à cet effet trois cents écus d'or, auxquels Agnès Sorel en ajouta bientôt, par son testament, trois cents autres; le chapitre fournit, de son côté, des sommes considérables; et le tout fut remis à Jehan Lambert, célèbre orfévre tourangeau, qui travailla à ce chef-d'œuvre l'espace de dix ans, avec plusieurs compagnons. L'inventaire de 1493 nous apprend que cette grande châsse pesait cent soixante et quatorze marcs cinq onces; le frontispice et les bas côtés étaient d'or; le reste, de vermeil. Elle devait appartenir au style ogival, alors dominant dans l'orfévrerie comme dans l'architecture; mais il ne nous est permis de faire sur sa forme que de simples conjectures; car aucune représentation ni même aucune description de ce splendide reliquaire ne sont parvenues jusqu'à nous. Quand on songe au degré de perfection où était alors arrivée l'orfévrerie tourangelle et au temps employé à l'exécution de cette châsse par l'un des plus habiles artistes de l'époque, on peut croire que la délicatesse et la beauté du travail l'emportaient encore sur la richesse de la matière. Du reste, ce chef-d'œuvre, qui devait illustrer son auteur, amena sa ruine : entraîné par l'amour de l'art, Lambert dépassa sans doute les conditions de son devis; il se vit forcé de vendre ses biens et de contracter envers les bénéficiers du chapitre de lourdes dettes, pour le payement desquelles il réclame un délai dans une touchante requête, où il expose sa misère et ses infirmités, qui l'ont rendu incapable de travailler[1]. Mais, avant de tomber dans cette extrémité, l'artiste tourangeau dut éprouver un sentiment de noble

---

[1] *Inventaire des titres de la fabrique et des chapelles de Saint-Martin*, t. I, p. 573. (Archives d'Indre-et-Loire.) Malheureusement le registre ne donne qu'une analyse de cette curieuse pièce, aujourd'hui disparue; Lambert y expose « qu'il a perdu beaucoup du sien sur cet ouvrage, ayant employé à faire l'or part 400 à 500 royaux

et légitime orgueil lorsque le fruit de ses travaux et de ses veilles
fut exposé sous les voûtes de Saint-Martin et salué de l'admiration
de tous.

La *reposition* de la nouvelle châsse eut lieu le 10 mars 1453
(1454 n. s.), avec toute la pompe et toute la solennité que compor-
tait une semblable cérémonie. Le roi Charles VII ne put y assister,
mais il se fit représenter par le chancelier de France, Guillaume
Juvénal des Ursins, qu'accompagnaient Charles, duc d'Orléans et
de Milan; Arthur de Richemont, connétable de France; Jean de
Clermont; Pierre de Bourbon, son frère; Jean de Vendôme; Jean
de Bueil, grand amiral; le sire de Torcy, grand maître des arbalé-
triers; Poton de Xaintrailles, et un nombre considérable de seigneurs, de prélats et d'ecclésiastiques, dont les noms se lisent tout
au long dans le procès-verbal dressé par quatre notaires, et que
Monsnier nous a conservé [1].

Louis de Harcourt, évêque de Narbonne, fit la translation, et
Théobald de Lucé, évêque de Maillezais, officia pontificalement.

Jusqu'à cette époque les différentes châsses de saint Martin
paraissent être constamment restées dans le tombeau, mais alors
on fit élever, sous une magnifique coupole ou dôme, qui n'était
autre que le *ciborium*, une large estrade d'argent, sur laquelle on
plaça la châsse de saint Martin, entourée de nombreux reliquaires
d'or et d'argent. C'est là que brûlait nuit et jour une lampe d'argent, du poids de trois cents marcs, accompagnée de plus de vingt
autres, de différentes grandeurs.

Une forte grille de fer enferma d'abord et protégea toutes ces
richesses; mais elle fut bientôt (1479) remplacée par une grille
d'argent, œuvre de Jehan Gallant, donnée par Louis XI, et que
François Ier devait faire enlever [2].

En 1562 arriva le pillage de Saint-Martin par les huguenots, et

---

et au payement et salaire des ouvriers 300 à 400 royaux, et n'ayant reçu pour le
tout que 900 à 1,000 royaux. »

[1] Monsnier, p. 284 et suiv.

[2] *La grille d'argent de Saint-Martin de Tours, donnée par Louis XI, enlevée par
François Ier, d'après des documents inédits,* par M. Ch. L. Grandmaison, archiviste
d'Indre-et-Loire, in-8°. Tours, librairie Georget-Joubert, 1863.

tous ces trésors d'art furent jetés dans les fourneaux des fondeurs et convertis en lingots [1].

L'autorité royale était à peine rétablie dans la ville de Tours, que déjà les chanoines, un moment dispersés, s'occupaient de recueillir les débris des corps saints échappés aux flammes des bûchers protestants. On était parvenu à sauver un os d'un des bras de saint Martin et un fragment de son crâne. Deux actes capitulaires, l'un du 1er juillet 1563, l'autre du 5 du même mois, nous apprennent qu'on les mit dans une caisse de bois doré avec les reliques de saint Brice, celles de saint Grégoire et un fragment du drap de soie qui avait enveloppé le corps de saint Martin. Ce modeste reliquaire fut placé dans un petit dôme supporté par quatre colonnes de cuivre et élevé au-dessus du tombeau rétabli de saint Martin. Ces derniers travaux, du reste, ne furent exécutés que quelques années plus tard, puisque ce n'est qu'aux dates de 1581-1582 que nous voyons mentionnés « les mémoires des dépenses faites par le chapitre pour la construction du sépulcre de saint Martin et les marchés faits avec des fondeurs de cuivre, des maçons et des menuisiers pour l'achever, ainsi que le dôme ou lanterne qui était au-dessus [2]. »

Au mois de septembre 1636, le chapitre décida, après mûre délibération, qu'il serait fait une reconnaissance exacte des reliques sauvées des mains des huguenots; le dôme fut ouvert, et l'on y trouva une boîte ou coffret de bois dans lequel était un fragment de drap d'or fort ancien, cousu sur de la toile pour le conserver, avec un écriteau contenant ces mots : « Ici est du drap d'or où les ossements du corps de M. saint Martin étaient en une châsse, que les hérétiques firent brûler en 1562. » Il contenait également deux ossements enveloppés dans des fourreaux de soie orange, avec des écriteaux sur parchemin, signés « Mesmin, notaire du chapitre, » et portant que, le samedi 3 juillet 1563, ces deux ossements, dont

---

[1] *Procès-verbal du pillage, par les huguenots, des reliques et joyaux de Saint-Martin de Tours, en mai et juin 1562*, publié pour la première fois par M. Ch. L. Grandmaison, archiviste d'Indre-et-Loire. 1 vol. in-4°. Tours, Mame, 1863.

[2] *Inventaire des titres de la fabrique et des chapelles de Saint-Martin*, t. I. p. 593.

l'un était une portion d'un des bras de saint Martin, et l'autre un fragment de son crâne, avaient été enfermés dans cette châsse [1].

C'est vers cette époque que le chapitre, désireux de déposer les restes de saint Martin dans un reliquaire plus digne d'eux, fit exécuter un chef d'argent doré, et cette fois bien certainement à Paris, car en Touraine les arts étaient alors fort déchus de leur ancienne splendeur. L'Inventaire des titres de Saint-Martin, qui nous a déjà fourni de nombreuses indications, contient (p. 500) l'analyse d'une pièce du 5 mai 1639, qui est le marché conclu par le chapitre avec Philippe Debonnaire, marchand orfévre, bourgeois de Paris, « par lequel marché le sieur Debonnaire promet de faire un chef de saint Martin d'argent, de vermeil doré, ciselé et orné de figures bien proportionnées, conformément au dessin qui en avait été agréé par le chapitre, qui demeurerait entre les mains du sieur Debonnaire, sans que le piédestal fût d'argent, le chapitre se réservant de le faire d'ébène ou autrement, à ses frais… Suivent plusieurs quittances du sieur Debonnaire de diverses sommes revenant à celle de 1,890 livres, à quoi se montait le prix de ce chef pesant quarante-deux marcs [2]. »

L'os du bras de saint Martin fut renfermé dans une petite colonne évidée, ainsi que nous l'apprend un document jusqu'ici demeuré inconnu, et qui renferme de précieux renseignements sur l'état des reliquaires de saint Martin, à la veille même du jour où ils devaient, pour la seconde fois, être jetés dans les creusets des fondeurs.

Ce document est la vérification des reliques conservées dans l'église de Saint-Martin, faite le mercredi 2 septembre 1789, en vertu d'une commission spéciale de l'archevêque de Tours, par Jacques Dufrementel, chanoine prébendé, prévôt d'Anjou en la noble et insigne église de Saint-Martin, vicaire général et official du diocèse de Tours.

Voici à quelle occasion eut lieu cette vérification : le chapitre avait adopté pour son église un plan de restauration qui exigeait un changement dans la forme extérieure du tombeau de son saint

____
[1] *Inventaire*, etc. p. 575.
[2] *Inventaire*, etc. p. 574.

patron et nécessitait le déplacement de l'autel principal; mais, avant de mettre ce plan à exécution, il jugea indispensable de vérifier et de transférer les différentes reliques conservées dans l'église, ainsi que celles qui avaient été déposées, en 1563, dans la coupole placée au-dessus dudit tombeau, quoique ces dernières eussent été vérifiées le 11 septembre 1636, ainsi que nous l'avons vu précédemment. Il adressa à ce sujet, à l'archevêque François Mamert de Conzié, une requête; par suite de laquelle fut dressé le procès-verbal dont nous nous bornerons à extraire les passages relatifs aux reliquaires spécialement consacrés à saint Martin.

Après avoir visité l'autel principal, où il ne trouve aucune relique, M. Dufrementel *monte*[1] à la chapelle de Saint-Martin, et, ouverture faite de la coupole de bois, portée sur quatre colonnes de cuivre, qui couronnait le tombeau, il en tire une boîte de bois de poirier, gravée, qu'il fait transporter au trésor, où étaient ordinairement conservées les reliques exposées à la vénération des fidèles. Là il constate que la boîte de bois de poirier renferme des reliques de saint Brice, de saint Grégoire et autres saints; et, dans une armoire du trésor, il trouve, avec d'autres boîtes, un buste sur une base de bois noir et une colonne à jour sur sa base, le tout d'argent doré. Ce sont là proprement les reliquaires de saint Martin, au sujet desquels il s'exprime de la façon suivante : « Ouverture faite ensuite du buste d'argent doré représentant saint Martin en habits pontificaux, dont les sceaux qui le fermaient étaient sains et entiers, nous en avons extrait la coupe d'argent intérieurement réunie par deux agrafes à la vitre extérieure dudit buste, dans laquelle coupe se sont trouvées trois parties du chef de saint Martin, posées sur deux morceaux d'étoffe de soie, dont un de couleur orangée, l'autre de couleur grise; lesquelles reliques, vérifiées, ont été par nous remises à leur place; ainsi que la coupe qui les contenait, joignant une boîte de fer-blanc, qui renferme un grand morceau d'étoffe de soie orangée et le sandal ou drap d'or dans lequel était le corps de saint Martin,

---

[1] Cette expression, qui est textuelle, tranche la question de savoir si les marches d'escalier figurées sur les anciens plans de Saint-Martin servaient à monter ou à descendre : évidemment on *montait*.

lorsque les huguenots le firent brûler, ainsi qu'il est constaté par une inscription y attachée; ensemble tous les procès-verbaux qui justifient de l'authenticité desdites reliques et des translations et vérifications qui en ont été faites les 10 mars 1453, 10 novembre 1639, 27 janvier 1727, 24 novembre 1738, 28 avril 1764, 22 novembre 1765, et une lettre de notre saint père le pape Benoît XIII, du 24 février 1727; lesquels morceaux d'étoffe de soie orangée et sandal ou drap d'or cousu sur de la toile, réunis dans ladite boîte de fer-blanc, nous avons refermé ledit buste, que nous avons scellé sur toutes ses ouvertures.

« Procédant ensuite à l'examen de la colonne pyramidale d'argent doré, couronnée d'un globe de cristal de roche dont la base est surmontée dans ses angles de quatre anges d'argent doré, nous avons trouvé dans ladite colonne évidée, séparée de sa base, un morceau de taffetas vert roulé et cousu, dans lequel était l'os radius du bras de saint Martin, ainsi qu'il est justifié par les actes y joints, en date des 3 juillet 1563 et 5 mai 1637, auxquels nous avons annexé une mention, signée de nous, de la vérification par nous faite ce jour. Le tout constaté, nous avons remis ladite relique dans le morceau de taffetas vert avec les susdits actes, et l'avons replacée dans ladite colonne, qui a été sur-le-champ remontée sur sa base [1]. »

La pièce est datée du 2 septembre 1789 et signée : de M. Dufrementel, vicaire général, commissaire en cette partie; de Mac Brady, secrétaire; de seize chanoines de la collégiale, et scellée du sceau de l'archevêque. Il est donc impossible d'en contester la parfaite authenticité. Elle nous fournit les seuls détails un peu précis qui soient venus jusqu'à nous sur les reliquaires de saint Martin, à la fin du XVIIIe siècle, et l'on voit qu'ils ne rappelaient que de loin la magnificence des anciennes châsses. Ils ne devaient, du reste, guère tarder à éprouver le même sort; car, le 21 novembre 1793, les orfèvres Fournier et Carreau s'en emparaient au nom de la municipalité de Tours et les réduisaient en lingots, qui allaient bientôt grossir les offrandes envoyées à la Convention nationale.

[1] Archives d'Indre-et-Loire, série G, n° 17.

NOTICE

SUR

LES JETONS DE PLOMB

DES ARCHEVÊQUES DE LYON,

PAR M. G. DE SOULTRAIT,

MEMBRE NON RÉSIDANT DU COMITÉ IMPÉRIAL DES TRAVAUX HISTORIQUES
ET DES SOCIÉTÉS SAVANTES.

Le musée de Lyon, et les riches collections de MM. Derriaz et Vaganay, de cette même ville, renferment une série de pièces de plomb inédites, qui nous ont paru intéressantes, et dont nous allons donner la description et proposer le classement.

Ces plombs, dont le diamètre varie entre 16 et 25 millimètres, portent presque tous, au droit, l'image de saint Pothin, premier évêque de Lyon et patron du diocèse, et, au revers, les armes et quelquefois le nom des prélats qui occupèrent le premier siége des Gaules, depuis le milieu du xiii* siècle jusqu'au commencement du xv*.

Nos pièces avaient échappé jusqu'à ce jour aux investigations des savants qui se sont occupés avec tant de succès de l'attribution des méreaux et des jetons du moyen âge, et nous avons été heureux de découvrir cette série, qui ne comprend pas moins de vingt-sept pièces inédites, aux armes de quatorze des seize archevêques de Lyon, de 1246 à 1415.

Nous ne connaissons, dans la numismatique du moyen âge, aucune série de jetons analogue à la nôtre. Les méreaux de cuivre de la cathédrale de Limoges, portant des armoiries d'évêques de cette ville, publiés par M. Maurice Ardant dans la *Revue numis-*

matique[1], ne se distinguent en rien des autres méreaux ou jetons du XVe et du XVIe siècle, et n'ont aucun rapport avec les plombs dont nous allons parler, plombs dont l'importance archéologique et héraldique n'échappera à personne.

Voici la suite des archevêques de Lyon auxquels doivent être attribuées nos pièces.

Philippe de Savoie (1245-1268).

Philippe de Savoie, né, en 1207, de Thomas, comte de Savoie, et de Marguerite de Faucigny, fut chanoine et primicier de la cathédrale de Metz, prévôt de Saint-Donatian de Bruges, gouverneur du patrimoine de Saint-Pierre, grand gonfalonier de l'Église, puis évêque de Valence en 1246 et archevêque de Lyon l'année suivante.

Le pape Innocent IV lui avait accordé ce privilége, dont on trouve quelques autres exemples, de rester en possession de ses dignités ecclésiastiques, de porter le titre d'archevêque et de jouir des revenus de son diocèse, sans être engagé dans les ordres sacrés[2].

En 1268, Philippe de Savoie se démit de son siége pour épouser Alix de Bourgogne, son frère Pierre étant mort sans postérité.

C'est à ce singulier prélat que nous attribuons les trois plombs anépigraphes suivants, dont M. Derriaz possède les seuls exemplaires connus :

1. Pas de légende. Écu ogival à une croix, blason de la maison de Savoie.

R⁄ Pas de légende. Tête du Christ placée sur un nimbe croisé, dont le filet qui borde la pièce forme la circonférence.

Diamètre, 19 millimètres[3]. (Collection de M. Derriaz.)

2. Pas de légende. Écu de Savoie, surmonté d'un objet difficile

---

2. *Gallia christiana*, t. IV, col. 144. — *Mémoires historiques sur la maison royale de Savoie*, du marquis Costa de Beauregard, t. I, p. 27. — Guichenon, *Histoire généalogique de la royale maison de Savoie*, t. I, p. 290.
3. Voyez planche XVI, n° 1.

à déterminer, qui est probablement la volute d'une crosse posée en pal derrière l'écu.

℞ Pas de légende. Croix largement pattée; filet au pourtour. Diamètre, 18 millimètres [1]. (Collection de M. Derriaz.)

3. Pas de légende. Croix pattée, alesée, cantonnée, au premier, d'une étoile.

℞ Pas de légende. Écu de Savoie en ogive pointue, brisé, au premier canton, d'un objet difficile à déterminer, d'un annelet peut-être.

Diamètre, 16 millimètres. (Collection de M. Derriaz.)

Le style de ces plombs se rapporte bien à l'époque de l'archiépiscopat de Philippe de Savoie. Les types du droit de chacun d'eux se trouvent sur d'autres petites pièces, également anépigraphes, que nous connaissons au musée de Lyon et dans la collection de M. Derriaz, et qui étaient bien certainement à l'usage de l'Église de Lyon. Enfin il est naturel que Philippe, appartenant à une maison souveraine, ait commencé à faire figurer son blason sur ses jetons, ce qu'un archevêque de moins grande naissance n'aurait peut-être pas osé faire le premier. Ajoutons que c'est dans la seconde moitié du xiiie siècle que les signes héraldiques commencèrent à se produire sur les sceaux des ecclésiastiques.

Dans leur bel ouvrage sur les archevêques de Lyon [2], auquel nous renvoyons nos lecteurs pour tous les paragraphes de ce travail, MM. Morel de Voleine et le comte de Charpin ont donné pour blason à Philippe de Savoie : *d'or, à l'aigle de sable, becquée et membrée d'or.* Les plus anciens sceaux de la maison de Savoie portent en effet une aigle; et le blason ci-dessus décrit est attribué à ces seigneurs par Guichenon [3]. Mais, dès le milieu du xiiie siècle, ce blason fut changé, et la croix d'argent en champ de gueules devint l'emblème héraldique des descendants de Humbert aux Blanches

[1] Voyez planche XVI, n° 2.

[2] *Recueil de documents pour servir à l'histoire de l'ancien gouvernement de Lyon;* première partie, *évêques et archevêques de Lyon.* Lyon, L. Perrin, 1854, in-folio : *Blasons.*

[3] *Histoire généalogique de la royale maison de Savoie.*

Mains. Voici du reste ce que Guichenon, dit de ce changement d'armoiries, dans son *Histoire de la maison de Savoie* [1] :

« Quoique l'aigle fût l'ancienne armoirie de la maison de Savoie, toutefois Amé le Grand étant comte de Savoie la quitta pour prendre la croix ; dont il est difficile de rendre raison ; car, bien que la plupart de nos historiens et tous les étrangers aussi aient publié pour une vérité constante que ce prince fit ce changement en mémoire du secours et des assistances qu'il rendit aux chevaliers de l'ordre de Saint-Jean de Jérusalem, à la conquête de l'île de Rhodes ; si est-ce pourtant que j'ai bien de la peine à me ranger de cette opinion, parce que ce prince portait déjà la croix l'an 1293 et l'an 1296, qui est longtemps devant la conquête de Rhodes : outre que Thomas de Savoie, IIe du nom, comte de Piémont, son père, avait aussi la croix en ses armes, ainsi qu'il se voit à sa sépulture en l'église cathédrale d'Aouste. Que si l'on veut dire, pour sauver cette objection, qu'Amé le Grand, ayant fait dresser cette sépulture à son père, le sculpteur pourrait bien avoir donné au père l'armoirie du fils, la réponse est aisée, parce que Thomas de Savoie, IIIe du nom, comte de Piémont, frère aîné d'Amé, avait la même armoirie, ainsi que nous l'apprenons d'un titre de l'an 1278, où son sceau est d'une simple croix. D'ailleurs Pierre de Savoie, comte de Romont, la portait aussi, comme il se voit en un sceau d'Agnès de Faucigny, sa femme, et après lui Philippe, comte de Savoie, en un compromis de l'an 1281, fait entre lui et Geoffroi, évêque de Turin. Enfin, en la magnifique sépulture de Béatrix de Savoie, comtesse de Provence, en l'église des Échelles en Savoie, la croix était aux écussons d'Amé III et d'Amé IV, de Pierre comte de Savoie, et de Philippe de Savoie, lors archevêque de Lyon... »

Nous ne suivrons pas plus loin Guichenon dans sa dissertation sur l'origine du changement de blason de la maison de Savoie ; l'opinion de l'historien de la Bresse est qu'Amé III, comte de Savoie, voulut garder un souvenir de la croisade de 1147, dont il avait fait partie, et que, comme à cette époque les armoiries n'avaient

[1] 2e édition, t. I, p. 126.

rien.de bien fixe, ce comte et ses successeurs portèrent tantôt l'aigle, tantôt la croix, jusqu'à Amé le Grand, qui adopta définitivement ce dernier symbole.

Les monuments des comtes de Savoie du xiiie siècle où figure l'écu à la croix ne sont pas rares; Guichenon en a décrit et figuré plusieurs[1]; contentons-nous de rappeler ici que le blason de l'archevêque de Lyon lui-même se voyait, chargé de la croix, sur le tombeau de Béatrix de Savoie, dans l'église des Échelles.

Pierre de Tarantaise (1272-1274).

Après la démission de Philippe de Savoie, le siége de Lyon resta vacant. Le chapitre, convoqué en décembre 1268 pour faire choix d'un archevêque, ne put s'entendre pour cette élection, et, à cause de cette division des suffrages, le pape Clément IV nomma Gui. de Mello, évêque d'Auxerre, qui n'accepta point, prétextant son âge avancé.

Pendant la vacance du siége, qui dura jusqu'en 1272, le diocèse fut administré par Girard de la Roche, évêque d'Autun.

En 1272, Pierre de Tarantaise fut nommé archevêque par le pape Grégoire X, à la sollicitation du chapitre, dont les membres continuaient à ne pouvoir s'accorder sur le choix d'un prélat.

Pierre de Tarantaise était né à Moustiers, en Tarantaise, province de la Savoie, dont il prit le nom. Il appartenait, disent MM. Morel de Voleine et de Charpin[2], à l'ancienne famille de Champagny (*de Campaniaco*). Entré dans l'ordre de Saint-Dominique, il enseigna la théologie et composa divers ouvrages. Il n'occupa pas longtemps le premier siége des Gaules, ayant été fait cardinal, évêque d'Ostie et de Velletri, grand pénitencier de l'Église romaine, enfin légat en Terre sainte, par le pape Grégoire X, qui avait pu apprécier sa sainteté et sa haute valeur au concile de Lyon de 1274, où notre archevêque avait prononcé l'oraison funèbre de saint Bonaventure, mort pendant ce concile.

Les auteurs ne sont pas d'accord sur les dates de ces promotions

[1] *Histoire généalogique de la royale maison de Savoie*, 2e édition, p. 126, 254, etc.
[2] *Archevêques de Lyon*, p. 59.

successives de Pierre de Tarantaise; il est certain toutefois qu'il avait été fait cardinal dès le commencement du concile[1].

Des destinées plus hautes encore attendaient l'ancien archevêque de Lyon : il fut élu pape à Arezzo, le 21 février 1276, et couronné à Rome, sous le nom d'Innocent V, le 23 du même mois. Mais il ne porta pas longtemps la tiare, étant mort le 22 juin suivant. Il fut enterré dans la basilique de Saint-Jean de Latran[2].

Pendant son court passage sur le siége de Lyon, Pierre de Tarantaise fit frapper le jeton muet dont voici la description :

4. Pas de légende. Écu ogival à trois pals, chargés de petits objets difficiles à déterminer, ou, plus probablement, offrant un travail de burin destiné à les distinguer du champ de l'écu; gros grènetis au pourtour.

℞ Pas de légende. Croix tréflée, inscrite dans un double orle quadrilobé; gros grènetis au pourtour.

Diamètre, 20 millimètres[3]. (Musée de Lyon.)

L'écu de la face de cette pièce ne peut être que celui de l'archevêque Pierre de Tarantaise, qui portait, selon MM. Morel de Voleine et de Charpin[4] : *d'or, à trois pals d'azur, chargés chacun de trois fleurs de lis du champ.*

Nous doutons fort que personne ait jamais vu les émaux du blason qui nous occupe, et, comme nous l'avons dit, notre opinion est que ce blason portait seulement les trois pals.

La croix tréflée du revers est celle que nous allons retrouver brochant sur les pièces des armoiries des archevêques qui se succédèrent sur le siége de Lyon pendant la fin du XIIIe siècle et pendant le XIVe.

Raoul de Torote (1284-1287).

Nous ne connaissons aucun plomb qui puisse être attribué à Aymar de Roussillon, successeur immédiat de Pierre de Tarantaise,

---

[1] *Gallia christiana*, t. IV, col. 150.

[2] *Art de vérifier les dates.*

[3] *Voyez planche XVI, n° 3.*

[4] *Archevêques de Lyon*, p. 59.

et nous proposons de donner la pièce suivante à Raoul de Torote, qui remplaça Aymar de Roussillon.

5. ✝ SANTE PHOTINE. En lettres capitales gothiques, entre grènetis. Buste de saint Pothin en évêque, la tête mitrée, environnée d'un nimbe perlé, sa crosse à droite.

℞ ✝ ORA PRO NOBIS. Entre grènetis. Écu ogival à un lion; une croix tréflée brochant sur le tout.

Diamètre, 21 millimètres[1]. (Collection de M. Derriaz.)

6. Mêmes légendes et mêmes types; l'écu du revers plus large, et les légendes entre filets. (Musée de Lyon.)

Ce n'est pas sans une certaine hésitation que nous nous sommes décidé à attribuer ces plombs à Raoul de Torote: en effet, leur style semblerait peut-être leur assigner une date plus récente. Mais nous ne trouvons point, au xiiie et au xive siècle, d'autre archevêque ayant porté pour armes un lion, sauf Guillaume de Sure, dont nous avons un plomb d'une attribution certaine, plomb fort différent de celui que nous venons de décrire; et d'ailleurs le lion des Sure se dessine sur un fond billeté, tandis que le champ de l'écu ci-dessus n'offre aucune trace de billettes.

C'est donc Raoul de Torote qui, le premier, a adopté les types qui furent copiés à peu près constamment par ses successeurs, sur leurs jetons: d'un côté, le buste de saint Pothin, disciple de saint Jean l'Évangéliste et premier évêque de Lyon, que l'on trouve sur deux pièces de plomb anépigraphes, de la fin du xiie siècle ou des premières années du xiiie, conservées dans les collections de MM. Derriaz et Vaganay, et qui ont dû avoir une destination analogue à celle des jetons que nous décrivons; de l'autre côté, le blason du prélat, chargé de la croix tréflée de la pièce de Pierre de Tarantaise.

Le sceau de l'archevêque Raoul, dont un fragment est conservé aux Archives de l'Empire[2], offre la représentation de ce prélat

---

[1] Voyez planche XVI, n° 4.

[2] Nous donnons ici la description de ce fragment de sceau et de son contre-sceau. Fragment de sceau ogival, de 60 millimètres de longueur, portant la représentation de l'archevêque debout, vu de face, accompagné à dextre d'un lion et à sénestre d'une fleur de lis. Ce qui reste de la légende, en lettres capitales gothiques,

accotée du lion de ses armes et d'une fleur de lis. Au contre-sceau figure une tête d'évêque, qui est certainement celle de saint Pothin.

Raoul de Torote, nommé de la Torrette par le *Gallia christiana*[1], appartenait à une illustre famille champenoise dont l'*Histoire des grands officiers de la couronne* a donné la généalogie[2], et qui portait pour armes : *de gueules, au lion d'argent*. Il avait été chanoine de Verdun et trésorier de l'église de Meaux. Il eut des différends avec les bourgeois de Lyon, au sujet des droits temporels de son église. Il mourut à Paris le 7 avril 1287.

Henri et Louis de Villars-Thoire (1296-1308).

Béraud de Goth, qui se trouve entre Raoul de Torote et Henri de Villars, n'a laissé aucun plomb à ses armes. Les pièces suivantes, au blason de Villars-Thoire, peuvent être attribuées à l'un ou à l'autre des deux archevêques de cette famille qui occupèrent le siége de Lyon de 1296 à 1308.

Ces plombs offrent, avec les mêmes types que ceux de Raoul de Torote, la légende *Moneta sancti Potini,* que nous retrouvons sur la plupart des jetons du xive siècle. Voici le classement que nous proposons des variétés que nous avons pu examiner :

7. ✝ : SANTE PVTINI. Entre grènetis serrés ; les points en forme de quartefeuille. Buste de saint Pothin de face, la crosse à gauche, la mitre garnie de perles.

℞ ✝ : MONETE. Entre grènetis serrés ; points de même forme. Écu à trois bandes, une croix tréflée brochant sur le tout.

Diamètre, 23 millimètres[3]. (Musée de Lyon.)

Cette variété nous paraît la plus ancienne de celles des deux

---

offre ces mots : (*s. rad*) VLPHI DI·GRA·P'ME·LVGD·ECCE ARCHIEPISCOPI. Le contre-sceau hexagonal est chargé d'une tête mitrée, vue de face, avec cette légende : ✝ 9TRA SIGILL·ARCHIEPI·LVGD. Sceau appendu à une charte du 6 mars 1286. (Arch. imp. D 347, n° 96.)

[1] T. IV, col. 152.

[2] T. II, p. 149.

[3] Voyez planche XVI, n° 5.

archevêques du nom de Villars, à cause de l'analogie qu'elle offre avec le plomb de Raoul de Torote. Le travail en est plus fin que celui des pièces que nous allons décrire.

8. ✝ SANTE PVTINE. Entre filets. Même type de saint Pothin.

℞ ✝ M·O·N·E·T·E. Entre filets. Les lettres, séparées par des espèces de fleurs de lis. Même écu que sur le jeton précédent, sauf que la croix tréflée est peut-être au pied fiché.

Diamètre, 24 millimètres[1]. (Musée de Lyon.)

Le seul exemplaire que nous connaissions de cette dernière pièce a l'épaisseur d'un pied-fort.

Les autres variétés aux armes de Villars sont fort grossièrement gravées et incorrectes comme blason; elles ne se distinguent que par de très-légères différences; on pourrait les attribuer à l'archevêque Louis de Villars, bien que le sceau de ce prélat porte les armoiries de sa famille régulièrement gravées. Nous ferons remarquer que, sur ce sceau[2], figure aussi la croix tréflée, qui semble avoir été l'attribut particulier des archevêques de Lyon du XIIIe et du XIVe siècle.

9. ✝ · SANCTI FOTIN. Grènetis intérieur. Les points en forme d'annelet. Même type de saint Pothin, plus lourd, la mitre arrondie.

℞ ✝ : MONETE. Filet intérieur. Mêmes points qu'au droit. Écu à trois barres, une croix tréflée au pied-fiché brochant sur le tout; le champ de l'écu garni de hachures.

Diamètre, 22 millimètres[3]. (Collection de M. Vaganay.)

MM. Derriaz et Vaganay possèdent encore deux variétés de ce

[1] Voyez planche XVI, n° 6.

[2] Voici la description de ce sceau d'après la *Description des sceaux des Archives Impériales* de M. Douët d'Arc : «S·LVDOVICI GRA·PRIME LVGDVN· ECCE·ARCHIEPI, en lettres capitales gothiques. Dans le champ, l'archevêque assis, vu de face, mitré, crossé et bénissant, accoté de deux écus, l'un bandé, l'autre chargé d'une croix tréflée ou fleuronnée. Dans un clocheton, qui occupe le haut du sceau, la Vierge et deux saints à mi-corps. Sceau elliptique, de 75 millimètres sur 19. L'empreinte d'après laquelle a été prise cette description est appendue à une charte du 27 février 1307.» (Archives impériales. J 266, n° 46.)

[3] Voyez planche XVI, n° 7.

plomb avec des différences insignifiantes. Ces variétés offrent toujours le blason des Villars-Thoire, qui était : *bandé d'or et de gueules,* reproduit, de la même manière incorrecte, avec trois barres.

La maison de Thoire, dans laquelle s'était fondue celle de Villars, au commencement du xiii⁰ siècle, était l'une des plus illustres de la Bresse. Guichenon en a donné la généalogie dans son *Histoire de la Bresse et du Bugey*[1].

Henri de Villars, fils d'Étienne II, sire de Thoire et de Villars-en-Bresse, et de Béatrix de Faucigny, fut chanoine de l'église de Lyon en 1270, chamarier et prévôt du chapitre[2], enfin archevêque en 1296. Il assista, en 1297, à la canonisation de saint Louis et fit, comme primat des Gaules, la levée du corps de ce roi à Saint-Denis. Il mourut à Rome le 18 juillet 1301, et fut remplacé par son petit-neveu, Louis de Villars, fils de Humbert IV, sire de Thoire et de Villars, et de Béatrix de Bourgogne, qui fut élu par le chapitre aussitôt après la mort de son grand-oncle[3].

Louis de Villars n'occupa guère plus longtemps que son oncle le siége de Lyon : sacré en 1302, après la confirmation de son élection par le pape Boniface VIII, il mourut le 4 juillet 1308. On lui doit des fondations importantes : ce fut lui qui, en 1303, établit les carmes à Lyon, et, l'année suivante, autorisa la fondation de l'abbaye de la Déserte; il érigea en collégiale l'église de Saint-Nizier, et obtint de Philippe le Bel la confirmation du comté de Lyon aux archevêques et au chapitre, d'où le titre de *comte* que les chanoines de Lyon portèrent jusqu'à la Révolution. Ce fut aussi sous l'administration de Louis de Villars que le pape Clément V, frère de l'archevêque Béraud de Goth, fut couronné à Lyon, le 14 novembre 1305[4].

---

[1] P. 213.

[2] Il existe aux archives départementales du Rhône un sceau de Henri de Villars, comme chancelier du chapitre. Ce sceau, appendu à une charte de 1285 (G, 140), porte un *écu bandé de six pièces, à un lambel à trois pendants,* et cette légende, en lettres capitales gothiques : (✝ S.) DNI · HENRICI · DE · VILLARS.

[3] *Gallia christiana,* t. IV, col. 158.

[4] *Gallia christiana,* t. IV, col. 159.

Pierre de Savoie (1308-1332).

Pierre de Savoie, fils de Thomas III, comte de Maurienne et de Piémont, et de Guye de Bourgogne, succéda, en 1308, à Louis de Villars, ayant été doyen de Salisbury en Angleterre, chanoine, puis doyen de Lyon en 1304.

Ce fut cet archevêque qui remit, en 1312, au roi la justice temporelle de Lyon, qui lui fut rendue, en 1320, par Philippe le Long. Il vit, en 1316, nommer dans sa ville et couronner dans sa cathédrale le pape Jean XXII [1]. Il mourut au mois de novembre 1332, ayant fait fabriquer, pendant sa longue administration, des jetons à un type différent de ceux de ses prédécesseurs. C'est toujours saint Pothin qui figure au droit de ces pièces, mais le buste du saint évêque est de profil. Le mot *moneta* disparaît, et, pour la première fois, l'archevêque place son nom en légende autour de ses armoiries, de même que, le premier, Philippe, son grand-oncle, avait placé son blason sur les jetons de son administration temporelle.

Les jetons de Pierre de Savoie, moins épais que ceux que nous avions décrits précédemment, se distinguent en outre de ces derniers par un style médiocre et par un travail maigre et plus barbare.

Nous en connaissons deux variétés, qui ne diffèrent l'une de l'autre que par leur largeur.

10. S PHOTIN. Filet extérieur. Buste de saint Pothin de profil à gauche, interrompant la légende. Une fibule ou un mors de chape de grande proportion, entre deux boutons, se remarque sur le vêtement.

R⁄ SABAD'. Filet extérieur. Les lettres de ce mot garnissent le champ, dans l'espace laissé vide autour d'un écu à une croix, chargé d'une petite croix tréflée.

Diamètre, 19 millimètres [2]. (Collection de M. Vaganay.)

11. Mêmes légendes et mêmes types.

---

[1] *Gallia christiana*, t. IV, col. 161. — Guichenon, *Histoire généalogique de la royale maison de Savoie*, 2ᵉ édition, t. I, p. 314.

[2] Voyez planche XVI, n° 8.

Diamètre, 20 millimètres. (Musée de Lyon et collection Derriaz.)

MM. Morel de Voleine et de Charpin ont donné pour armes à cet archevêque, d'après Guichenon[1] : *de gueules, à la croix d'argent, et une bande d'azur brochant sur le tout.* Notre jeton et le sceau de Pierre de Savoie, dont nous allons parler, prouvent que ce prélat porta les armes pleines de sa maison.

Nous devons à M. Guillaume Bonnet, l'éminent statuaire lyonnais, notre ami et confrère à l'Académie de Lyon, la communication d'une bulle de plomb inédite de l'archevêque Pierre, dont voici la description : représentation du prélat, crossé et mitré, assis sur un siége orné de têtes de lion, bénissant de la main droite et tenant sa crosse de la gauche. Grènetis au pourtour.

R̥ PETR'

ARCHIEP

LVGD

III

En lettres capitales gothiques. Au-dessus, un écu à la croix, entre deux quartefeuilles; deux autres quartefeuilles, l'une avant le mot *Petrus,* l'autre avant *Lugd.* Filet au pourtour.

Diamètre, 38 millimètres.

Guillaume de Sure (1332-1340).

A Pierre de Savoie succéda, en 1332, Guillaume de Sure, d'une famille noble de la Bresse, qui prenait son nom d'un château situé aux environs de Bourg. Guillaume avait passé par les dignités du chapitre; il avait été chantre, puis archidiacre de l'église de Lyon en 1327. Il mourut le 20 septembre 1340[2].

Nous connaissons de ce prélat un jeton, que nous allons décrire.

12. ✠ MONETA SCI·PHOTIN. Grènetis intérieur. Buste mitré de saint Pothin, tenant la crosse de la main gauche et bénissant de la droite.

R̥ ✠ G·DE·SVRA· Entre filet et grènetis. Les points en forme

---

[1] *Histoire généalogique de la royale maison de Savoie,* 2ᵉ édition, t. I, p. 310.

[2] *Gallia christiana,* t. IV, col. 163.

d'annelet. Dans le champ, semé de billettes, un lion lampassé, sur lequel broche la croix tréflée.

Diamètre, 21 millimètres [1]. (Musée de Lyon.)

Comme on le voit, Guillaume de Sure était revenu aux types et au module adoptés par les Villars, mais il avait imité son prédécesseur, en inscrivant son nom autour du blason de sa famille qui portait, suivant MM. Morel de Voleine et de Charpin : *d'argent, semé de billettes de sable, au lion de même brochant sur le tout.*

Le lion de ce revers rappelle tout à fait le type de certaines monnaies baronales de la fin du XIIIe siècle et des premières années du XIVe [2].

Gui d'Auvergne (1340-1341).

Gui d'Auvergne, dit *de Boulogne*, fils de Robert VII, comte d'Auvergne et de Boulogne, et de Marie de Flandre, sa seconde femme, fut archidiacre de Flandre, doyen de Saint-Martin de Tours en 1333, enfin archevêque de Lyon le 26 octobre 1340. Il n'occupa pas longtemps ce siége : nommé cardinal du titre de Sainte-Cécile, par le pape Clément VI, en 1341, il se démit de son archevêché de Lyon, et se retira à Rome, où il devint évêque de Porto. Il fut ensuite envoyé comme légat auprès du roi de Hongrie en 1349, et député par le pape, en 1358, pour traiter de la paix entre les rois de France et d'Angleterre. Il remplit diverses autres missions importantes, et il mourut à Lérida en 1373, revêtu de la qualité de légat apostolique [3]. Il fut enterré à l'abbaye du Bouchet, en Auvergne, dit Baluze, qui a consacré à ce prélat tout un chapitre de son *Histoire de la maison d'Auvergne.*

Pendant son court passage à l'archevêché de Lyon, Gui d'Auvergne fit fabriquer trois jetons se rapprochant beaucoup, comme style, de celui de Guillaume de Sure, mais dont le plus ancien ne présente pas la croix tréflée.

---

[1] Voyez planche XVI, n° 9.

[2] Voyez notre *Essai sur la numismatique nivernaise*, p. 83.

[3] *Gallia christiana*, t. IV, col. 165. — *Archevêques de Lyon*, p. 75. — Baluze, *Histoire de la maison d'Auvergne*, t. I, p. 120.

13. ✝ MONETA · SCI · PHOTINI. Entre filets. Buste de saint Pothin, tout à fait semblable à celui du jeton précédent.

℞ ✝ G · DE · BOLOMNIA. Entre filets. Dans le champ, le gonfanon des armes d'Auvergne, ses pendants arrondis très-découpés et s'élargissant à leur extrémité ; les trois annelets du haut très-marqués.

Diamètre, 20 millimètres [1]. (Musée de Lyon.)

Ce plomb nous paraît le plus ancien des trois, à cause de sa parfaite analogie avec celui de Guillaume de Sure, et aussi à cause de la forme tout à fait primitive du gonfanon.

Sur les deux autres, d'un travail moins large, le gonfanon prend une forme plus moderne, ses pendants sont moins découpés et le nom du prélat est en français ; enfin la croix tréflée broche sur le blason.

14. ✝ MONETA · SCI · PHOTIN. Entre grènetis. Buste semblable au précédent.

℞ ✝ G · DE · BOLOINE. Entre grènetis. Gonfanon d'une forme plus lourde, bordé de franges et chargé de la croix tréflée.

Diamètre, 22 millimètres [2]. (Collection de M. Vaganay.)

15. ✝ MONETA SCI PHOTIN. Entre filets. Même buste de saint Pothin.

℞ G · DE · BOLOINE. Entre filets. Gonfanon de forme lourde, chargé de la croix tréflée.

Diamètre, 21 millimètres [3]. (Collection de M. Vaganay.)

On sait que les comtes d'Auvergne portaient : *d'or, au gonfanon de gueules, frangé de sinople.* Depuis l'entrée du comté de Boulogne dans la maison d'Auvergne, les seigneurs de cette maison écartelèrent ou partirent souvent leur blason primitif de celui de Boulogne : *d'or, à trois tourteaux de gueules.* Mais jamais l'archevêque Gui ne porta d'autres armes que le gonfanon, bien que MM. Morel de Voleine et de Charpin lui aient donné un écusson écartelé de Boulogne.

[1] Voyez planche XVI, n° 10.
[2] Voyez planche XVII, n° 1.
[3] Voyez planche XVII, n° 2.

Le tombeau de ce prélat dans l'église du Bouchet, dont le dessin a été donné par Baluze [1], était décoré d'écussons qui ne portaient, comme celui de nos jetons, que le gonfanon.

Henri de Villars-Thoire (1342-1354).

Henri de Villars-Thoire, de la même famille que les archevêques dont nous avons parlé, succéda à Gui d'Auvergne le 7 novembre 1342, après avoir été sacristain et chamarier de l'église de Lyon, évêque de Viviers en 1333, puis de Valence et de Die en 1336. Il était fils de Humbert IV, sire de Thoire et de Villars-en-Bresse, et d'Éléonore de Beaujeu. Il gouverna l'Église de Lyon pendant douze ans, étant mort le 25 novembre 1354 [2].

C'est à ce prélat que nous proposons d'attribuer le jeton suivant, sans légende, dont les types s'éloignent un peu de ceux des autres archevêques :

16. Pas de légende. Buste de saint Pothin accoté des lettres F et O; filet au pourtour.

℞ Écu barré de six pièces à une croix fleurdelisée au pied fiché, brochant sur le tout; cet écu, accoté des lettres I et O; filet au pourtour.

Diamètre, 21 millimètres [3]. (Collection de M. Vaganay.)

Sur cette pièce, le buste de saint Pothin est tout à fait différent de celui des autres jetons. On ne voit ni crosse ni dextre bénissante; et des mèches de cheveux frisés s'échappent de la mitre, dont les deux pointes sont visibles. Sans attacher d'importance à cette observation, nous ne pouvons nous empêcher de signaler la ressemblance parfaite qui existe entre ce buste et une tête d'évêque qui figure dans l'ornementation de l'un des portails de la cathédrale de Lyon, ornementation qui date du xive siècle.

Le blason des Villars est encore reproduit à l'envers, comme sur les jetons de l'archevêque Louis de Villars : le champ des trois pièces du barré est marqué de hachures croisées, la croix est fleurdelisée au lieu d'être tréflée comme les autres.

---

[1] *Histoire de la maison d'Auvergne*, t. I, p. 128.

[2] *Gallia christiana*, t. IV, p. 166.

[3] Voyez planche XVII, n° 3.

Les lettres qui accotent la tête de saint Pothin seraient les deux premières du nom de ce saint, que nous avons vu écrit *Photinus* et que nous verrons plus loin écrit *Fotinus;* celles qui se trouvent de chaque côté de l'écu seraient les deux premières de *Ioannes.* On sait que saint Jean était le patron du chapitre de Lyon. Nous ne pouvons trouver d'autre explication à ces lettres.

Raymond Sachetti (1354-1358).

Nous croyons pouvoir donner à cet archevêque, successeur de Henri de Villars, les deux jetons suivants :

17. Pas de légende. Buste de saint Pothin, accoté des lettres S et P, cette dernière lettre surmontée d'un trait, compris dans un orle quadrilobé; grènetis au pourtour.

Ŗ Pas de légende. Écu ogival à trois bandes et une croix tréflée brochant sur le tout; cet écu accoté et surmonté de sortes de bouquets de feuilles, qui garnissent le fond du champ. Grènetis au pourtour.

Diamètre, 25 millimètres[1]. (Musée de Lyon.)

18. Mêmes types.

Diamètre, 23 millimètres. (Collection de M. Vaganay.)

Ces jetons sont évidemment imités de celui de Henri de Villars, et leur attribution n'est pas douteuse, puisque Raymond Sachetti portait pour armes : *d'argent, à trois bandes de sable*[2].

Raymond Sachetti, nommé aussi *de Saquella* et *Saquet,* fut conseiller au parlement de Paris, puis, en 1346, évêque de Thérouanne[3]; son origine est inconnue.

Guillaume de Thurey (1358-1365).

Guillaume de Thurey ou de Turey, doyen du chapitre, succéda à Raymond Sachetti. Il fit travailler à l'achèvement de sa cathédrale, dont les vitraux et les piliers des dernières travées occidentales portent son blason, plusieurs fois répété. Il appartenait à une

[1] Voyez planche XVII, n° 4.
[2] *Archevêques de Lyon,* p. 77.
[3] *Gallia christiana,* t. IV, col. 16.

famille noble de la Bresse châlonnaise, qui avait donné à l'église de Lyon plusieurs chanoines, et à l'abbaye de Saint-Pierre de Lyon deux abbesses. Il portait : *d'or, au sautoir de gueules*. Il mourut le 12 mai 1365, et il fut enterré dans le chœur de son église[1].

Nous connaissons de cet archevêque un seul jeton, tout à fait différent de ceux de ses prédécesseurs, dont les types et le style rappellent le plomb de Raoul de Torote.

19. ✠ G·SANTVS POTINV. Entre grènetis. Buste de saint Pothin, la tête environnée d'un nimbe perlé; la crosse à droite.

℞ ✠ ·DE·TVREI· ·Entre grènetis; points en forme de quintefeuille. Écu à un sautoir; une croix pattée à longue hampe brochant sur le tout.

Diamètre, 21 millimètres[2]. (Collection de M. Derriaz.)

Guillaume de Thurey reprit l'usage de mettre son nom autour de l'écu de ses armes. Il modifia la forme de la croix placée sur le blason, qui n'est plus la croix tréflée ou fleuronnée de ses prédécesseurs, étendant ses bras sur l'écusson, mais bien la croix processionnelle, que Charles d'Alençon, successeur de Guillaume, et que les archevêques du xvi⁰ et du xvii⁰ siècle placeront en pal derrière leurs armoiries.

Il faut toutefois remarquer que, dans les verrières de la métropole de Lyon, le blason des Thurey est chargé d'une croix tréflée d'azur.

Charles d'Alençon (1365-1375).

Charles d'Alençon, fils de Charles I⁰ʳ de Valois, comte d'Alençon et du Perche, et de Marie d'Espagne, appartenait à l'ordre de Saint-Dominique, lorsqu'il monta sur le siége de Lyon, le 13 juillet 1365, après la mort de Guillaume de Thurey.

Ce prélat, dont l'administration a laissé peu de souvenirs, mourut, le 5 juillet 1375, à Lyon, au château de Pierrescize, qui appartenait alors aux archevêques[3].

Charles d'Alençon, le seul des archevêques de Lyon qui ait osé

---

[1] *Gallia christiana*, t. IV, col. 168.

[2] Voyez planche XVII, n° 5.

[3] *Gallia christiana*, t. IV, col. 169.

mettre son nom sur les monnaies frappées par le chapitre de cette ville, ne le mit sur aucun des nombreux jetons qu'il fit fabriquer.

Le plus curieux et, bien probablement, le plus ancien plomb de cette série porte, au droit, le type ordinaire et la légende des monnaies de Lyon; en voici la description, d'après le seul exemplaire fort mal frappé que nous connaissions :

20. († *pr*)IMA : SE(*des*). Entre grènetis. L croisée, accotée à dextre d'un croissant.

℞ († *lugdunen*)SIS. Entre grènetis. Écu à trois fleurs de lis, à la bordure chargée de dix besants.

Diamètre, 21 millimètres[1]. (Collection de M. Derriaz.)

Les autres jetons de Charles d'Alençon, dont les variétés ne se distinguent les unes des autres que par de légères différences, offrent au droit le type habituel de saint Pothin, buste non crossé, et, au revers, l'écu d'Alençon qui était : *de France, à la bordure de gueules, chargée de dix besants d'argent,* placé sur la croix archiépiscopale en pal, dont la partie supérieure indique le commencement de la légende.

La légende de ce revers fut aussi employée pour la première fois. Nous ferons remarquer, au sujet de ce blason, que Charles d'Alençon fut l'un des princes de la maison de France qui adoptèrent les premiers la réduction des fleurs de lis au nombre trois. De 1365 à 1375, on trouve généralement les fleurs de lis sans nombre sur les blasons de ces seigneurs. Nous dirons aussi que le nombre des besants de la bordure n'est jamais le même sur ces jetons.

21. SANTE PHOTINE. Entre grènetis serrés. Buste de saint Pothin.

℞ † ORA PRO NOBIS. Entre grènetis serrés. Écu d'Alençon, à la bordure chargée de vingt et un besants; une croix en pal derrière l'écu.

Diamètre, 22 millimètres[2]. (Musée de Lyon.)

22. † : SANTE : PHOTINV : Entre grènetis. Buste de saint

[1] Voyez planche XVII, n° 6.
[2] Voyez planche XVII, n° 7.

.Pothin, mitre sans perles, ses deux pointes visibles; des cheveux accompagnent le visage; points en forme d'annelet.

℞ ORA : PRO NOBIS. Entre grènetis. Écu d'Alençon avec bordure chargée de onze besants, placé sur la croix archiépiscopale.

Diamètre, 21 millimètres. (Collection de M. Vaganay.)

Les quatre ou cinq variétés que renferment les collections de MM. Derriaz et Vaganay se rapprochent tout à fait de celles que nous venons de décrire, et nous croyons inutile d'en donner ici la description.

Jean de Talaru (1375-1393).

Issu de l'une des plus grandes familles chevaleresques du Forez, ce prélat, d'abord chanoine de Saint-Just, custode, puis doyen de l'église de Lyon, avait été nommé archevêque de cette ville après la mort de Guillaume de Thurey, mais il fut obligé de céder la place à Charles d'Alençon. Réélu après la mort de ce prince, il monta, le 29 juillet 1375, sur le siége archiépiscopal de Lyon qu'il abandonna en 1389, ayant été nommé cardinal par l'antipape Clément VII. Jean de Talaru mourut le 24 septembre 1393 et fut enterré dans son ancienne cathédrale[1].

Quatre jetons du musée de Lyon et des collections de MM. Derriaz et Vaganay doivent être attribués à cet archevêque plutôt qu'à son neveu, Amédée de Talaru, aussi archevêque de Lyon de 1415 à 1444, le style de ces petits monuments ne permettant pas de leur assigner une autre date que le xive siècle.

Ces jetons, dont quelques-uns sont d'un travail fort médiocre et offrent des légendes très-incorrectes, portent, au droit, saint Pothin, tenant la crosse et bénissant, comme sur la plupart des pièces décrites ci-dessus; seulement le saint, vu à mi-corps, interrompt la légende dans la partie inférieure de la pièce, et il est revêtu de la chape, au lieu de porter une chasuble.

Au revers figure l'écusson des Talaru : *parti d'azur et d'or, à la cotice de gueules brochant sur le tout, chargé de la croix tréflée,* qui avait disparu des jetons archiépiscopaux depuis Guillaume

---

[1] *Gallia christiana,* t. IV, col. 170.

de Thurey; le parti dextre de cet écu, distingué de l'autre par un travail de hachures croisées.

23. † SANTVS·FOTINV. Entre grènetis serrés. Buste de saint Pothin revêtu de la chape, bénissant de la main droite et tenant sa crosse de la gauche.

℞ † SANTVS·FOTINVS· Entre grènetis serrés. Les points en forme de tiercefeuille. Écu parti, à une bande brochant sur le parti, et une croix tréflée au pied fiché brochant sur le tout.

Diamètre, 21 millimètres[1]. (Musée de Lyon.)

24. † SANTVS FOTINVS· Entre filets. Un trèfle à la fin de la légende. Buste bénissant et tenant la crosse, dont la volute est peu développée, la tête environnée d'un nimbe de perles.

℞ ORA PRO NOBIS. Entre grènetis légèrement marqués. Écu de Talaru, semblable à celui de la pièce précédente, sauf que les extrémités de la croix tréflée dépassent quelque peu les bords de l'écusson.

Diamètre, 21 millimètres. (Collection de M. Vaganay.)

25. SANTVS FOTINVS. Entre grènetis serrés. Buste de saint Pothin bénissant et tenant la crosse, dont on ne voit que la hampe.

℞ †·AVRA PRO NOBIS... Entre grènetis serrés. Les points en forme de quartefeuille. Écu semblable à celui du jeton précédent.

Diamètre, 21 millimètres[2]. (Collection de M. Vaganay.)

26. Variété à peu près semblable, comme droit et comme revers; le buste, plus grêle; les lettres, plus mal formées, et le travail, encore plus grossier.

Diamètre, 20 millimètres. (Collection de M. Vaganay.)

Philippe de Thuréy (1392-1415).

Philippe de Thurey, neveu de Guillaume, dont nous avons

[1] Voyez planche XVII, n° 8.
[2] Voyez planche XVII, n° 9.

parlé, fut chanoine de Lyon, puis archevêque en 1392. Il mourut en 1415, et eut pour sépulture la chapelle du Saint-Sépulcre, qu'il avait fondée dans sa cathédrale[1].

C'est sous ce prélat que paraît avoir cessé, vers 1413, le monnayage lyonnais, et c'est à lui qu'appartient la dernière pièce de notre série, dont voici la description :

27. ✠ PHVS : DE : THVREIO : Entre filets; les points en forme d'annelet; écu à un sautoir.

℞ ✠ ARCHIEPVS LVGDVN. Entre filets. Dans le champ, le sautoir des armes de Thurey, qui portaient, comme nous l'avons dit : *d'or, au sautoir de gueules.*

Diamètre, 21 millimètres[2]. (Musée de Lyon.)

Ce jeton, des premières années du xve siècle, s'éloigne tout à fait de ceux que nous avons décrits et ressemble aux jetons modernes.

A quoi servirent les plombs que nous venons de décrire? Ce ne pouvaient être les mereaux du chapitre de Lyon, qui paraît n'avoir point fait usage, au xiiie et au xive siècle du moins, de pièces de ce genre, et qui d'ailleurs, fier de sa puissance, de son droit de monnayage et de l'illustre origine de ses membres, n'aurait certes pas consenti à se servir de mereaux ne portant ni son nom, ni ses armes propres, ni l'image de son patron, saint Jean. Notre opinion est que ces plombs étaient des jetons de compte, des jetons à l'usage de la maison de nos archevêques et de leur administration temporelle. L'étude des archives de la métropole lyonnaise nous permettra peut-être de résoudre la question d'une manière décisive. Nous avons voulu toutefois ne pas attendre une solution, qui peut ne pas se trouver, pour présenter notre travail, quelque imparfait qu'il soit, sur cette curieuse série, qui est, sans contredit, fort intéressante et, nous le croyons, unique dans la numismatique française.

---

[1] *Gallia christiana*, t. IV, col. 172.
[2] Voyez planche XVII, n° 10.

RECHERCHES ARCHÉOLOGIQUES

SUR

LE CHÂTEAU, LA MAISON D'ÉCHEVINAGE

ET L'ÉGLISE DE DOMART,

PAR M. H. DUSEVEL,

MEMBRE NON RÉSIDANT DU COMITÉ,
MEMBRE FONDATEUR DE LA SOCIÉTÉ DES ANTIQUAIRES DE PICARDIE,
CORRESPONDANT DE LA SOCIÉTÉ IMPÉRIALE DES ANTIQUAIRES DE FRANCE,
DE L'ACADÉMIE D'ARCHÉOLOGIE DE BELGIQUE, DES ACADÉMIES DE ROUEN, ARRAS, DOUAI, ETC.

Domart est un bourg remarquable de l'arrondissement de Doullens; on y a trouvé des antiquités gauloises, des antiquités romaines et des antiquités mérovingiennes [1]. Mais ce n'est pas de ces sortes d'antiquités que nous allons parler : nous voulons seulement faire connaître le résultat des recherches que nous avons faites sur place, dans ce bourg, et entretenir un instant l'assemblée du *château*, de la *maison d'échevinage* et de l'*église* d'un lieu aussi intéressant.

Nous donnerons en même temps les notes curieuses que nous ont procurées de bienveillantes communications, parce que ces notes fournissent des renseignements précieux sur les trois édifices qui attirèrent nos regards, lorsque nous nous livrâmes récemment à leur examen, et que ces mêmes notes n'ont jamais été publiées.

---

[1] Les antiquités gauloises consistaient en silex taillés et en médailles d'or représentant, d'un côté, une grosse tête aux cheveux hérissés, et, au revers, un cheval informe, lancé au galop.

Les antiquités romaines étaient des tuiles à rebord, des vases de terre noire et de verre, et quelques fragments de miroir.

Les antiquités mérovingiennes furent reconnues pour des restes de lances, de haches, scramasaxes, couteaux, franciscaques, vases, etc. On remarquait surtout une agrafe d'une longueur et d'une largeur extrêmes.

Parlons d'abord du *château de Domart*. Cette forteresse redoutable fut construite en 1174, par les soins de Bernard, seigneur de Saint-Valery; mais ce ne fut pas sans difficultés. Les travaux touchaient à leur fin, lorsque Jean Ier, comte de Ponthieu, essaya de les arrêter, en prétendant sur le territoire où elle s'élevait des droits que Bernard de Saint-Valery ne voulait pas reconnaître. De là surgit un grave différend, et pour le vider on résolut, de part et d'autre, d'avoir recours aux armes. Le roi de France, Louis le Jeune, alarmé des préparatifs menaçants que faisaient ces deux seigneurs pour en venir aux mains, chercha à les mettre d'accord. N'ayant pu y parvenir, il les fit ajourner devant son conseil, afin d'exposer leurs griefs respectifs. Le jour de la comparution arrivé, les parties se présentèrent; mais l'affaire parut alors si embrouillée au conseil, qu'il fut décidé qu'elle se réglerait par le duel. « L'abbé de Corbie, ajoutent les auteurs de l'*Art de vérifier les dates*[1], obtint du roi que ce duel aurait lieu dans la cour de son abbaye. » Les parties s'y rendirent, en effet, et présentèrent leurs champions montés sur de grands chevaux; mais, avant que la lutte s'engageât, des amis communs furent assez habiles pour pacifier la querelle, au moyen d'un traité, dans lequel il fut dit, entre autres choses, que le seigneur de Saint-Valery conserverait paisiblement le château de Domart, et le comte de Ponthieu aurait la jouissance pleine et entière de *Bernaville*. Cet accord est du mois de maï 1150.

Un écrivain qui a cru devoir, prudemment sans doute, garder l'anonyme a fait de ce château de Domart une description romantique, qui n'a aucune valeur. Quant à nous, nous nous contenterons de dire que de l'examen des lieux et des restes de la forteresse il nous semble résulter qu'elle s'élevait sur la pente du coteau où sont, encore aujourd'hui, l'église et le presbytère; elle était environnée de murs de pierre, flanqués de tours de distance en distance. Un fossé fort roide entourait l'enceinte du château de Domart; on franchissait ce fossé par un pont assez étroit, que défendaient deux espèces de tours ou de *barbacanes*. Après avoir franchi le fossé, on arrivait à la porte de ce château, qui était percée dans d'épaisses et

---

[1] Édition in-8°, t. XII, p. 337.

hautes murailles. Au milieu de la cour s'élevait majestueusement le donjon ; il dominait tous les autres bâtiments, notamment ceux qui étaient adossés contre les murailles, où se trouvaient des écuries, des magasins et des logements pour les hommes d'armes du seigneur. Un escalier à vis conduisait dans les divers étages du donjon, notamment aux appartements destinés au seigneur et à sa famille, qu'on avait décorés avec un certain luxe. Au sommet du donjon était un petit beffroi, où se trouvaient la cloche d'alarme et une chambre pour le guetteur. De vastes souterrains régnaient sous ce donjon ; ils étaient construits avec tant d'art et de soin, qu'ils formaient un véritable labyrinthe, d'où ne pouvaient sortir ceux qui n'en connaissaient pas les issues. Ces issues s'étendaient au loin dans la campagne, pour faciliter aux habitants du château les moyens de s'évader secrètement, lorsque cette forteresse venait à être prise.

Un dénombrement fourni, le 24 septembre 1407, par Jean de Craon, qui en était alors seigneur, la décrit ainsi :

« En la ville de Domart j'ai un *chastel*, auquel y a un prioré fondé de mes devanciers, et tenu de moi en temporel, et un *dongeon (sic)*, qui appartient au vicomte de Domart, à cause de sa vicomté qu'il a de moi, et contient l'espace dudit chastel, ainsi comme il est enclos et compris le prioré et le dongeon, environ quatre journaux de terre. »

D'après ce dénombrement, le château de Domart n'aurait pas eu toute l'importance que lui donne la tradition locale, et il ne reste aujourd'hui de cette antique forteresse des sires de Saint-Valery, des comtes de Dreux, des seigneurs de Thouars, de Craon, de Soissons et de Créqui-Lesdiguières, qui la possédèrent tour à tour jusqu'au siècle dernier, qu'une tour arasée, au sommet de laquelle est une espèce de belvédère, d'où l'on découvre tout le bourg, les villages et les bois voisins.

On parvient au haut des débris de cette tour par un chemin tortueux, le long duquel sont plantés des rosiers, des lilas et d'autres arbustes, qui offrent un coup d'œil agréable, lorsqu'ils sont en fleurs.

Dans les fouilles qui ont été pratiquées en cet endroit, il y a quelques années, on a trouvé un grand nombre de carreaux de terre, offrant des lions, des fleurs de lis et des chimères. De semblables carreaux servaient, sans doute, de pavé aux principaux appartements où logeaient les nobles seigneurs de Domart et leurs officiers.

On a aussi découvert, dans le caveau voisin de la sacristie, de l'église et de la motte du château, des vases également en terre, d'une forme assez belle et qui, à en juger par la manière dont ils étaient placés dans la muraille de ce caveau, devaient servir à faire connaître les travaux des mineurs, lorsqu'on attaquait la forteresse et qu'on tentait d'en détruire les murs. Ces sortes de vases acoustiques, en transmettant le bruit de ces travaux souterrains, avertissaient les assiégés de se tenir sur leurs gardes et d'empêcher l'assiégeant de se rendre maître de la forteresse, en renversant ses murailles. ›

La terre de Domart relevait du roi de France, à cause de son *château de Beauquesne* [1].

Comme beaucoup d'autres forteresses du moyen âge, le *chastel* de Domart eut à subir bien des dévastations dans le xv°, le xvi° et le xvii° siècle. « Le 20° jour de mars 1423, dit le chroniqueur Enguerrand de Monstrelet, les François eschelèrent et prirent le fort de Domart en Ponthieu, dans lequel estoient Leborgne de Fosseux, chevalier, et Jacques de Craon, son beau-fils, lesquels se sauvèrent à petite compaignie, secrètement, par une *poterne*, quand ils ouïrent l'effroi. Et messire Simon de Boulainvillers, Jean de Domerie et plusieurs autres estant audit chastel furent détenus prisonniers, avec la femme dudit de Fosseux; et généralement les biens d'icelui furent prins et butinés, desquels biens y avoit grande abondance tant dans ledit Domart comme au pays [2]. »

A l'époque du siège d'Amiens par le roi Henri IV (1597), un détachement de l'armée espagnole, sous les ordres du cardinal-archiduc

---

[1] Le château de Beauquesne fut ruiné sous la Ligue; il n'en reste, depuis cette époque, que des fragments de murailles entourés d'arbres, offrant, vus de loin, un coup d'œil pittoresque; nous possédons un dessin à la mine de plomb de cet ancien château, dans notre collection de *Vues des monuments du département de la Somme*.

[2] Monstrelet, l. II, c. vi.

Albert, qui avait tenté vainement de secourir la place, s'achemina
vers Domart, en se retirant pour gagner l'Artois. Ce détachement
attaqua le château du bourg, et fit pleuvoir contre son donjon une
grêle de boulets, qui laissèrent, dit-on, aux murailles d'honorables
cicatrices. L'ennemi ne put s'emparer de la forteresse; mais il ra-
vagea tous les environs de Domart, avant de quitter le pays, où il
commit des dégâts affreux.

Sous le règne de Louis XIII, un corps de partisans se présenta
encore devant le château de Domart; il y mit le feu et en acheva
ainsi la ruine, après en avoir enlevé les meubles, les tapisseries
historiées et autres objets curieux qu'il renfermait.

Depuis, il n'est plus question du château de Domart ni dans
l'histoire, ni dans les traditions du pays; le silence le plus complet
règne sur ses vestiges, et l'on ignore maintenant quand le coteau
qui était compris dans l'enceinte de ses murailles et de ses tours
a servi à former, ainsi que leurs débris, les jardins d'agrément
et l'espèce de belvédère qu'on y voit à présent.

On trouve dans le *Recueil des Ordonnances des rois de France*[1] la
charte de commune que Domart obtint de son seigneur au xiiie siècle.
L'article 8 de cette charte mérite d'être remarqué : il ne permettait pas d'arrêter un chevalier qui devait à un homme de la commune, s'il ne descendait pas de cheval dans le bourg. C'est cette
même charte et la *coutume particulière de Domart* qui réglèrent
les droits du seigneur et des bourgeois pendant très-longtemps.
Un ancien curé de l'endroit, nommé Lefebvre, a consigné dans
un *registre* fait, dit-il, en forme de *matrologue*[2], et qui nous a été
communiqué pendant plusieurs jours par le curé-doyen actuel de
Domart, M. l'abbé de Roussen, des notes sur la *maison d'échevinage* de ce bourg, que nous allons reproduire ici.

Domart possédait, y est-il dit, dès le xiiie siècle, un vaste bâti-
ment en pierre, appelé la *maison de l'échevinage,* qu'on remarque
encore aujourd'hui sur la place (et que plusieurs antiquaires ont
pris mal à propos pour une ancienne demeure de Templiers). Cette
maison, aux portes et fenêtres de forme ogivale, est occupée mainte-

---

[1] Tome VIII, p. 687-692.

[2] In-folio, parchemin.

nant par un particulier. On en voit une représentation exacte dans le beau *Voyage pittoresque en Picardie*, publié par le baron Taylor, Charles Nodier et Alph. de Cailleux [1]; c'est un des rares spécimens des *maisons de ville* du xiiie siècle qui restent dans le département de la Somme. Elle a été classée, par nos soins, au nombre des monuments historiques de ce département, et sa conservation est sans doute maintenant assurée.

On lit, dans le *Registre matrologue* dont nous avons déjà parlé, quelques notes concernant cet édifice et les maieurs et échevins de Domart qui l'avaient aliéné à un sieur Duplan, maître de l'hôtellerie voisine, « à la charge d'un surcens de 27 livres 6 deniers de reconnoissance chacun an, et de leur fournir *une chambre* pour y faire leurs assemblées et les affaires de leur communauté, *toutes et quantes fois qu'il leur plairoit.* »

« Depuis plusieurs siècles, continue l'auteur du registre en question, il y a toujours eu à Domart des maieurs et des échevins établis dans ce bourg, pour avoir soin de la police et de la gestion des biens de la commune, comme il appert par les anciens titres. Ces maieurs et échevins ont leurs officiers distingués de ceux de la justice du seigneur, savoir : leur lieutenant, qui est le premier échevin, leur procureur d'office, leur greffier et un sergent, qui est leur tambour [2]. »

Pas un mot d'ailleurs dans ces notes qui soit propre à faire penser qu'il y ait eu autrefois un *beffroi* à Domart, ce qui semble indiquer que, comme on l'a prétendu, certains lieux, quoique érigés en commune par une charte de leur seigneur, restaient privés de ce symbole d'affranchissement et de liberté.

L'élection des maieurs et échevins de Domart se faisait à des époques qui ont varié [3]. Une transaction intervenue le 13 août 1718, sous les auspices de Mme la duchesse de Lesdiguières, veuve de M. de Créqui-Canaples, dame de Domart, etc. régla qu'à l'avenir « on feroit tous les ans deux assemblées, l'une le dimanche de la

---

[1] 3 volumes grand in-folio ornés de plus de 300 planches. Nous avons fourni beaucoup de notes pour cet ouvrage.

[2] *Registre matrologue* de Lefebvre, c. viii.

[3] Voyez la charte et la coutume locale déjà citées.

Sexagésime, pour nommer le maieur et un premier eschevin, en la manière accoutumée et à laquelle le curé ne pourroit assister, ni avoir voix délibérative; et la deuxième assemblée, le second dimanche d'octobre, laquelle seroit annoncée au prosne, pour la nomination d'un marguillier, qui se feroit dans l'église, où le sieur curé inviteroit et assembleroit les anciens marguilliers, et où pourroient se trouver le lieutenant et le procureur d'office, si bon leur sembloit.

Les maïeurs et échevins de Domart devaient tous les ans au seigneur 6 livres 15 deniers pour les cens des maisons, chaussées, marais et communs de leur ville. On voit aussi, par la coutume locale des terre, seigneurie et châtellenie de Domart, que le même seigneur avait droit de prendre, chacun an, sur ses vassaux et tenants en pairie, un *septier de blé*, un *chapon* et un *pain,* qu'on devait lui remettre ou payer le jour de Noël. Ce seigneur était obligé d'envoyer quérir le blé, mais le chapon et les pains *se portaient à son château de Domart.* Ce même seigneur avait un receveur général pour sa baronnie, qui prenait, dans les sacs à fruits exposés en vente les jours de marché, *autant de pommes ou de poires qu'il en pouvait tenir entre ses deux mains.*

En 1690, nous apprend encore l'auteur du registre, les officiers de la seigneurie abolirent un autre usage bien précieux pour les ménagers de Domart. Cet usage consistait à se rendre, avec le maieur et les échevins du bourg, dans les champs voisins, pour y assister à ce qu'on appelait la *cérémonie des esteules :* c'était l'abandon à ces ménagers des éteules restées sur les terres après l'enlèvement des récoltes. Au retour de cette cérémonie, à laquelle étaient ordinairement présents la plupart des habitants de Domart, les maire et échevins devaient aux officiers de la seigneurie un repas, qui coûtait tantôt *trente-deux* livres, tantôt *quarante-quatre.* Ces éteules servaient aux ménagers de la commune à chauffer leurs fours et quelquefois aussi à réparer les couvertures en chaume de leurs maisons.

L'église de Domart se montre au loin, placée qu'elle est sur la hauteur occupée en partie par les ruines du château. On y arrive par un escalier de plus de cinquante marches en grès. L'extérieur,

du côté du presbytère, a conservé de ses primitives constructions,
remontant, dit-on, au XII* siècle, quelques restes de corniches den-
telées, d'arcatures de fenêtres, qui semblent être de ce temps-là.
La tour carrée de pierre tenant au vestibule qui forme l'entrée ne
date guère que du XVII* siècle, comme nous l'apprennent d'ailleurs
les chiffres qu'on y voit. L'intérieur de l'église de Domart a été tellement dénaturé par un violent incendie que cette église essuya
en 1645, qu'il serait impossible de dire à présent à quelle époque
on le restaura, après cette regrettable catastrophe. Nous n'avons du
moins trouvé, sur la réparation de cet édifice, que peu de renseignements dans le registre du curé Lefebvre, que nous n'avons remis
à M. l'abbé de Roussen qu'après l'avoir lu et relu attentivement.

La tour dont nous venons de parler se divise en plusieurs étages
portant les dates de 1623, 1630 et 1681. Il paraît, cependant, que
cette tour ne fut pas achevée à cette dernière date, mais seulement
en 1704, car le registre Lefebvre contient encore cette note : « En
l'année 1699, pour contribuer à achever la *tour du clocher* fut reçu
le rembours de plusieurs surcens et rentes.... Et les sommes en
provenant ont esté employées au parachèvement de ladite tour, qui
a cousté près de 1,400 livres, y comprise la chaisne de fer enfermée
dans le circuit de la maçonnerie, et non la *galerie* et la *charpente*,
qui n'ont esté achevées que cinq ans après, en 1704, et qui cous-
tèrent encore plus de 1,000 livres [1]. »

Ainsi, d'après cette note, la haute tour de l'église de Domart
n'aurait guère coûté à construire que 2,400 livres ; mais il y a sans
doute erreur, car un ouvrage de cette importance ne pouvait être
fait pour ce prix modique, même au commencement du siècle
dernier.

Parmi les sculptures qui ornent la tour dont nous venons de
parler, on distingue les armes de la noble famille de Créqui, à laquelle appartint la seigneurie de Domart. Ces sculptures offrent une
singulière ressemblance avec celle des *bahuts* en chêne du temps
de Louis XIII, que les collectionneurs placent avec tant d'empres-
sement dans leurs cabinets d'antiquités.

---

[1] *Registre matrologue* de Lefebvre, c. II, fol. 6.

Des lettres du maieur et des échevins de Domart, en date du
15 mars 1514, font connaître que, avant cette tour, il existait sur la
croisée de l'église en question un clocher, qui fut consolidé, vers le
même temps, avec la somme de *six vingt-six livres tournois,* laissées
par Antoine Ducloy, curé de Lanches-Saint-Hilaire, pour une *messe
de la passion;* mais on sait par le *Registre matrologue* de Lefebvre
que, malgré sa restauration, ce clocher tomba, « le jour de l'Ascension, lorsqu'on estoit à la procession derrière le bois, sans qu'aucun des sonneurs eust esté blessé. »

Le 17 novembre 1645, l'église de Domart eut à subir une
nouvelle calamité: par un abus que le curé Lefebvre blâme avec
raison, les administrateurs des revenus de cette église laissaient en-
tasser les récoltes de l'année sur les combles, au-dessus des voûtes,
moyennant un loyer de 58 livres, que leur payaient les cultivateurs
du lieu; mais, ce jour-là, un violent incendie éclata dans cet amas
de récoltes et consuma une grande partie de l'édifice, ainsi que ce
qui restait encore debout des bâtiments de l'ancien château que la
guerre avait pu épargner.

Il est curieux de lire les réflexions critiques dont le curé Lefebvre
accompagne le récit de ce triste événement, dans le registre où il
prit soin de le noter. « Leur conduite, dit-il (en parlant des hommes
chargés de l'administration du temporel de l'église de Domart) estoit
si pitoyable, que, quoiqu'ils eussent quantité de gros revenus, *ils
n'avoient jamais d'argent pour entretenir cette église.* Au contraire, ils
en vendoient souvent les fonds, comme il est arrivé pour une pièce
de terre qui fut rachetée des deniers provenant d'un calice ancien
qui avoit esté donné par sire Antoine Walon, lequel pesoit 4 livres
d'argent, à 15 onces la livre et 55 livres l'once, qui faisoient
165 livres et, pour le temps, une assez forte somme. *Je ne dis pas
mesme tout, pour épargner la mémoire de ceux qui estoient alors*[1]. »

L'église de Domart possédait de nombreuses reliques *provenant
de la fierte sainct Maart* (saint Médard), son patron. Cette fierte
avait été ouverte « le dernier mardy de may, l'an de grace mil trois
cens quatre-vingt, en présence de dom Jean de Léalvillers, désigné

---

[1] *Registre matrologue* de Lefebvre, c. 1, fol. 1 et 2.

ad hoc, de Firmin Marc, maieur, et autres notables habitans de
Domart. » Dans cette fierte, porte l'ancien *matrologue* de l'église, cité
par l'excellent curé Lefebvre [1], « furent trouvez grande quantité de
pretieuses relicques, entre lesquelles une des jambes du glorieux
confez monsieur *saint Maart;* de la chemise de la vierge Marie ; de
la crèche où Dieu fut mis ; six ou sept paires de nobles corporaux
de la propre taule (table) où Dieu digna, quant il pardonna ses pe-
chez à Marie-Magdelaine ; du corps de M.-sainct Ladre (Lazare), du
corps sainte Marguérite ; une pierre venue du paradis terrestre ; du
propre autel où saint Pierre célébra la messe, avec autres et plus
grant quantité de relicques *desquelles nulle mémoire n'estoit mie.* »

On conservait, d'ailleurs, plusieurs usages assez singuliers dans
l'église de Domart : ces usages étaient, pour la plupart, la conséquence de fondations ou legs pieux faits à cette église. Ainsi, en
1300 ou environ, Jean Grenet, Jean de Montdidier et Pierre Delaporte avaient donné des biens à l'église et aux pauvres de Domart,
à la charge :

1° De quatre messes hautes et trois à voix basse, pour le repos
desdits sieurs Grenet, de Montdidier et Delaporte ; le maieur et les
échevins devaient assister à ces messes et présenter à l'offrande des
fèves, au lieu d'argent [2] ; on rachetait ensuite ces fèves au curé,
moyennant 35 livres ;

2° De s'assembler, lorsque ces messes étaient dites, à *l'échevinage,*
pour y distribuer ce qu'on appelait l'*aumosne,* consistant à donner à
chaque ménage, riche ou pauvre, *une paire de souliers* [3] ;

3° Et, enfin, de payer aux maieur et échevins, après que cette
aumône était faite, *vingt sols pour aller boire* ensemble. Le curé
devait être invité à cette espèce de récréation [4].

Une autre fondation, due à Enguerrand Ringuet, portait qu'il serait fait « un gros cierge de cire qu'on n'allumeroit qu'à l'élévation du
corps et du sang de Notre-Seigneur Jésus-Christ, toutes les fois que
le curé, ou son chapelain en son absence, feroit l'office solennel. »

[1] *Registre matrologue* de Lefebvre, fol. 8.
[2] *Ibid.* c. IV.
[3] *Ibid.* fol. 8.
[4] *Ibidem.*

Le nommé Morgant, brasseur de cervoise à Domart, devait, de son côté, tous les ans, à l'église du même lieu, pour une maison située en la « rue du Vieux-Marché, trois bottes d'herbe de la loyeure d'autant que l'on pouvoit mettre dans un loyen de soyelle (seigle), à espardre les jours de Pasques, Toussaint et Noël dans ceste église[1]. »

Enfin le prieur de Domart était tenu de faire prêcher dans l'église de ce bourg, « le jour de Pasques flouries, un sermon pour lequel il payoit ordinairement 8 sols et à disner, ou 10 sans le disner[2]. »

On n'estimait donc, il y a deux cents ans, le dîner d'un prédicateur de campagne ou de bourgade comme Domart qu'à 2 sous, ce qui certes n'était pas cher.

Nous pourrions rappeler ici bien d'autres fondations de ce genre, mais nous voulons être court dans cette notice, parce que nous connaissons le peu de temps que la réunion des Sociétés savantes peut avoir chaque année à sa disposition pour entendre la lecture des mémoires qui lui sont adressés de toutes parts. Cependant, avant de finir, nous croyons qu'il convient de dire un mot des objets les plus curieux que contient aujourd'hui l'église de Domart, dont nous devons un charmant dessin à la plume à M. Louis Duthoit, l'habile dessinateur d'Amiens.

On remarque entre autres choses, dans cette église, plusieurs bonnes statues de saints et un devant d'autel en cuir doré, qui n'est pas sans mérite. On y voit aussi une chaire ornée de bas-reliefs sur l'un desquels paraît saint Médard, patron de la paroisse, en costume d'évêque, avec un cheval derrière lui. Ce saint était si charitable d'après la légende, qu'il vola un jour les chevaux de son père pour les donner aux pauvres : c'est probablement cet acte de charité, un peu blâmable, que le sculpteur aura voulu rappeler.

Dans le transsept gauche de la même église, on distingue un autre bas-relief provenant de la cathédrale d'Amiens, sur lequel est représenté saint Éloi, évêque de Noyon. Ce saint n'a pas de cheval derrière lui comme saint Médard ; mais l'artiste a pris soin

---

[1] Lettres de maintenue du lieutenant du bailli d'Amiens, du 1er septembre 1509. (*Registre matrologue* de Lefebvre.)

[2] *Ibidem.*

de mettre à ses pieds un *ange tenant un marteau à la main*, afin, sans doute, de faire connaître qu'Eloi était un artiste habile et qu'il dut en partie à son talent son élévation à l'épiscopat.

A droite et à gauche de l'autel sont de fort jolies consoles, de style Louis XV, et à l'entrée du chœur se trouve appendue contre la muraille une ancienne bannière en taffetas vert, sur laquelle est brodée en soie et or l'image du patron de l'église de Domart.

Croirait-on que cette intéressante église n'avait pas encore été décrite, et que presque tout ce que nous venons d'en dire n'avait jamais été publié!

NOTE

SUR

LES DIMENSIONS D'UNE INSCRIPTION ANTIQUE

DU MUSÉE DE NÎMES,

PAR M. AURÈS,

MEMBRE DE L'ACADÉMIE DU GARD.

———◦◦◦———

Les anciens attribuaient aux nombres une vertu mystique dont il est bien difficile d'apprécier aujourd'hui toute l'importance; et leurs préjugés à cet égard étaient si grands, que je ne crois pas exagérer en considérant le mysticisme des nombres comme ayant servi de base essentielle à la plupart de leurs connaissances.

Dans son dialogue intitulé *Epinomis*, le plus grand de tous les philosophes, le divin Platon, dont je copie ici le texte sur la traduction de M. Cousin, voulant « trouver une science qui mérite véritablement le nom de *sagesse*, une science enfin qui tire de la classe des artisans et des gens du commun quiconque l'a acquise, et en fasse un homme sage et vertueux, un citoyen juste et réglé dans toute sa conduite, soit qu'il commande, soit qu'il obéisse, » se demande, avant tout, « quelle est, de toutes les sciences, celle qui, si elle venait à manquer à l'homme, ou s'il ne l'avait jamais connue, en ferait le plus stupide et le plus insensé des animaux.

« Elle n'est pas difficile à trouver, ajoute-t-il; car, si on les compare une à une, aucune ne produirait plus sûrement cet effet que celle qui donne au genre humain la connaissance *du nombre*, et je crois qu'un dieu plutôt que le hasard nous a fait don de cette science pour notre conservation. »

Et, après ces explications, notre philosophe conclut en disant :

« Il est donc de toute nécessité que LE NOMBRE *serve de fondement à tout le reste.* »

C'était, en thèse générale, aux nombres impairs que les anciens accordaient la prééminence. « Numero deus impare gaudet[1]. » Ils les considéraient comme mâles et célestes, par opposition aux nombres pairs, qui étaient réputés femelles et terrestres, et voici en quels termes l'un des savants les plus distingués de notre temps, M. Mommsen, s'exprime, à cette occasion, dans son *Histoire romaine,* en faisant connaître la curieuse ordonnance du calendrier des Romains[2] : « Elle (cette ordonnance) eut, dit-il, sans doute pour raison déterminante *la foi* dans la puissance salutaire des nombres *impairs...* On voit clairement qu'elle... subit l'influence décisive des doctrines de Pythagore, toutes puissantes alors en Italie, et tout imprégnées, comme on le sait, du mysticisme des nombres[3]. »

Et comme s'il pouvait craindre l'insuffisance de ces premières explications, le savant auteur ajoute encore, dans une note de la 4ᵉ édition de son ouvrage :

« Par les mêmes causes, toutes les fêtes tombent aux jours *impairs,* aussi bien celles revenant chaque mois (les *Kalendœ,* le 1ᵉʳ; les *Nonœ,* le 5 ou le 7; les *Idus,* le 13 ou le 15) que les quarante-cinq fêtes annuelles par nous indiquées plus haut, sauf pourtant deux exceptions. Et cette foi des Romains dans la puissance des nombres impairs alla si loin, que, quand une fête durait plusieurs jours, elle chômait dans les jours pairs intermédiaires; *sic* : la fête de Carmentis, se plaçant aux 11 et 15 janvier; la fête des bocages sacrés (*Lucaria*), tombant les 19 et 21 juillet; celle des spectres et revenants (*Lemuria*), célébrée les 9, 11 et 13 mai[4], etc. »

Mais c'était surtout aux nombres *carrés* que les anciens philosophes attribuaient une importance exceptionnelle, et c'est là ce

---

[1] Virgile, VIIIᵉ églogue.

[2] *Histoire romaine* par Théodore Mommsen, traduite par C. A. Alexandre, conseiller à la cour impériale de Paris, Paris, 1863-1865.

[3] Tome I de la traduction française, p. 284.

[4] Tome IV de la traduction française, p. xxiv des *additions* et *variantes* au tome I.

qui explique pourquoi Censorinus a dit dans son traité *De die na-
tali* : « *Quadrati* numeri potentissimi ducuntur[1]. »

Il croyait fermement, et tous les hommes de son temps croyaient,
comme lui, qu'on augmente considérablement la puissance d'un
nombre quand on le multiplie par lui-même ; et, je vous prie de le
remarquer, Messieurs, cette singulière croyance n'est pas encore
totalement oubliée parmi nous, puisque nous donnons aujour-
d'hui, dans notre langage mathématique, les noms de 2e, 3e, 4e *puissance*, etc. aux différents produits que l'on obtient en multipliant
successivement un nombre par lui-même.

Je m'occupe, depuis quelque temps déjà, à étudier, au point de
vue du choix des nombres, les dimensions des divers monuments
de l'antiquité, et je me crois autorisé à affirmer, dès à présent,
que tous ces monuments, sans en excepter un seul, ont été construits sous l'empire d'idées mystiques sur la valeur particulière
attribuée à certains nombres.

Les nombres impairs et carrés, tels que 9, 25 et 49, s'y rencontrent d'abord avec une singulière fréquence. C'est pour cela,
par exemple, que la hauteur totale de la Maison-Carrée de Nîmes,
mesurée depuis le sol jusqu'au sommet des corniches, est rigoureusement égale à 49 pieds romains (7 fois 7), quand il est bien
certain que, si nous avions à construire aujourd'hui un semblable
monument, nous n'hésiterions pas à régler sa hauteur en lui assi-
gnant, en nombres ronds, 50 pieds, plutôt que 49 pieds seulement.

Mais ce sont surtout les nombres 13 et 29 que l'on trouve repro-
duits sur les monuments antiques, avec la persistance la plus ex-
traordinaire, quoique ces nombres soient, tous les deux, *premiers*,
et ne se prêtent par conséquent à aucune division ; ce qui rend
leur usage singulièrement incommode dans la pratique.

Après m'être souvent demandé quelle pouvait être la cause de
la préférence si remarquable accordée à de pareils nombres, je ne
crains pas de dire maintenant qu'elle provient surtout de ce que
13 est égal à la somme des deux premiers carrés : 4 + 9, et 29, à la

----

[1] Édition de la Haye, 1642, c. xiv, p. 93.

somme des trois premiers carrés : 4 + 9 + 16. « Nam quadrati nu-, meri potentissimi ducuntur. »

. Quelle que soit la vérité sur ce point de fait, j'ai cru reconnaître, en second lieu, que ces nombres 13 et 29 peuvent être, dès à présent, considérés comme plus spécialement affectés, le premier aux tombeaux et aux inscriptions funéraires, et le second aux autels votifs.

Enfin, et pour exprimer ma pensée tout entière en termes plus généraux, je ne crains pas de dire que, toutes les fois qu'on prend la peine de traduire en mesures antiques les dimensions d'une pierre quelconque portant une inscription antique, on reconnaît aussitôt que les nombres choisis pour exprimer ces dimensions ont été calculés de manière à satisfaire à une loi mystique; et il y a plus encore, car la pierre la plus vulgaire en apparence est quelquefois celle où l'existence de cette loi peut être constatée avec la plus entière évidence.

C'est pour essayer de le démontrer que je me suis proposé d'étudier aujourd'hui les dimensions d'un socle rectangulaire complétement dépourvu d'ornements et de moulures, que l'on conserve depuis longtemps dans le musée de Nîmes, parce qu'on lit, sur sa face antérieure, cette inscription :

C· ANDOLATIVS

NEMAVSO ·V ·S·L·M

Au premier coup d'œil [1], on serait tenté de considérer cette pierre comme ayant servi autrefois de dé à un piédestal reposant sur une base et surmonté d'une corniche : il n'en est rien pourtant, car les trois trous de scellement qu'on remarque dans la partie supérieure de ce petit monument suffisent pour établir d'une manière certaine que l'ex-voto dédié à Nemausus reposait directement en cet endroit.

Ce premier point une fois admis, étudions les dimensions de ce bloc rectangulaire, à la condition, bien entendu, de les exprimer en onces romaines antiques, ce que je ferai en attribuant, avec M. Vasquez Queipo, $296^{mm},3$ au pied, et par conséquent $24^{mm},7$ à l'once.

[1] Voyez la planche XVIII.

La hauteur totale, mesurée verticalement entre le plan supérieur et le plan inférieur, est d'abord égale à 49 onces, et il ne peut exister aucun doute sur ce premier fait, parce que les surfaces du monument sont encore parfaitement conservées et parce qu'il est impossible de se tromper de 2 centimètres 1/2 ou environ, quand on opère, ainsi que je l'ai fait, avec beaucoup de soin.

Nous n'hésiterions pas aujourd'hui à donner, dans les mêmes conditions, une hauteur exacte de 4 pieds, soit 48 onces, à un pareil monument, si nous avions à l'élever; mais les anciens n'avaient pas les mêmes idées que nous sur la valeur des nombres, et comme le nombre 49, *impair* et *carré*, égal à 7 fois 7, était, pour eux, incontestablement supérieur au nombre pair 48, il semble permis de croire que le constructeur antique n'a pas hésité non plus un seul instant, quand il a dû choisir entre ces deux nombres. On peut même aller sans crainte jusqu'à dire qu'il a cru être agréable à son dieu Némausus en préférant ainsi le premier de ces nombres au second. « Numero deus impare gaudet. »

La largeur, mesurée entre la face antérieure, qui porte l'inscription, et la face qui lui est opposée, laquelle est verticale, aussi bien que la précédente, se trouve rigoureusement égale à 27 onces, et ce nombre 27 doit être remarqué à son tour, non-seulement parce qu'il est impair, mais encore et surtout parce qu'il correspond à la 3e puissance de 3 ($3 \times 3 \times 3 = 27$). Il résulte, d'un autre côté, de la verticalité des deux faces principales parallèles à l'inscription, que les faces latérales sont exactement rectangulaires. Elles ont ainsi chacune 27 onces de base sur 49 onces de hauteur verticale.

Cependant ces deux faces latérales sont légèrement inclinées, et par conséquent les faces principales ont la forme d'un trapèze, sur lequel on trouve dans le haut une once de moins que dans le bas, et dans le milieu 29 onces très-exactement.

Il résulte de là que la section moyenne et horizontale de notre monument est un rectangle ayant 29 onces de longueur sur 27 onces de largeur; par conséquent enfin, les trois dimensions principales que nous venons d'étudier en longueur, en largeur et en hauteur, sont exprimées, en dernière analyse, par les nombres impairs 29, 27 et 49; et ces nombres sont choisis de telle manière, que le plus remarquable des trois, le nombre 29, sur lequel j'ai appelé votre attention tout à l'heure, se rencontre au milieu même du monument, dans sa partie la plus apparente.

Il me reste à vous faire connaître, après cela, la hauteur de l'inscription et les hauteurs des deux intervalles vides ménagés au-dessus et au-dessous.

La première de ces dimensions est égale à 7 onces, et non-seulement son expression correspond ainsi à un nombre impair et premier que les anciens avaient dédié à Minerve, et qu'ils considéraient comme particulièrement remarquable, mais elle se trouve encore égale à la 7ᵉ partie de la hauteur totale; ce qui fait qu'il est impossible d'attribuer une pareille relation à un simple jeu du hasard. Ce n'est donc pas par hasard que les deux nombres 7 et 49, exprimant les deux hauteurs principales de la face antérieure de notre monument, se trouvent calculés de telle manière que le second est précisément égal au carré du premier.

Quant aux intervalles vides, ils correspondent, au-dessus de l'inscription, à 6 onces, et au-dessous, à 3 pieds ou 36 onces, et ce n'est certainement pas davantage par hasard que le dernier de ces nombres se trouve encore ici, aussi bien que tout à l'heure, précisément égal au carré du premier ($6 \times 6 = 36$).

Maintenant, Messieurs, considérez un instant notre monument dans son ensemble.

N'est-il pas évident que son inscription vous paraît mal placée et que vous la trouvez trop rapprochée du haut?

Mais, s'il en est ainsi, n'est-il pas manifeste, par voie de conséquence, que, lorsque le constructeur antique n'a pas craint de s'exposer à choquer la vue en adoptant une semblable disposition, il n'a pu le faire qu'en obéissant à la loi mystique que les nombres étudiés jusqu'ici révèlent avec une incontestable évidence; ce qui n'empêche pas qu'il va m'être facile d'aller plus loin encore, en vous montrant de quelle manière le monument parvenu jusqu'à nous a été dégagé, par ce constructeur antique, du bloc irrégulier sorti de la carrière.

La face qu'il a fait tailler la première a été certainement celle qui porte l'inscription, et, dès qu'elle a été dressée, il y a tracé deux lignes parallèles, menées à 49 onces (7 fois 7) de distance l'une de l'autre, pour déterminer ainsi les deux arêtes horizontales de cette première face.

Deux retours d'équerre, taillés alors suivant ces arêtes, ont suffi pour obtenir les deux bases horizontales du monument; et, en traçant sur ces bases, à 27 onces de distance des arêtes déjà dressées, deux autres lignes parallèles à ces arêtes, la face verticale postérieure s'est trouvée déterminée dans le haut et dans le bas et a pu être taillée, à son tour, sans aucune peine.

Il ne restait, après cela, qu'à dégager les deux faces latérales inclinées, et, dans ce but, une longueur de 29 onces a été portée horizontalement, au milieu même de la face principale; deux retours d'équerre passant par les extrémités de cette ligne horizontale ont été tracés ensuite, et prolongés jusqu'à leur rencontre avec les arêtes horizontales du monument, et, en dernier lieu enfin, les sommets des quatre angles ont été marqués en ajoutant, dans le bas, 1/4 d'once de chaque côté, et en retranchant, dans le haut, une quantité précisément égale. C'est ainsi très-certainement qu'on a déterminé les arêtes inclinées du trapèze.

Ici, Messieurs, je dois vous faire connaître que, dans la pratique des anciens constructeurs, le milieu d'une ligne ayant sa longueur exprimée par un nombre impair n'était pas ordinairement marqué à sa place géométrique, ce qui aurait exigé un emploi de fractions que l'on évitait autant que possible; ce milieu n'était donc marqué que d'une manière approximative, et à une demi-unité près, en divisant le nombre impair primitif en deux parties sensiblement égales, l'une paire et l'autre impaire.

Après les considérations que j'ai eu l'honneur de vous exposer en commençant, je regarde comme à peu près inutile d'ajouter que, lorsqu'une seule de ces parties devait être employée, c'était toujours la partie impaire qu'on préférait, et la partie paire qu'on laissait de côté.

S'il en était réellement ainsi, et de nombreux exemples me l'ont souvent prouvé, la ligne médiale sur laquelle la longueur de 29 onces a été prise a dû être tracée à 2 pieds ou 24 onces au-dessus de la base inférieure et à 25 onces au-dessous de la base supérieure, et il est résulté de là que la hauteur de cette partie supérieure, spécialement réservée à l'inscription, s'est trouvée exprimée elle-même par le nombre carré 25, égal à 5 fois 5. Cette hauteur a été divisée, à son tour, toujours suivant le même système, en deux nouvelles parties, sensiblement égales, auxquelles on a donné par conséquent, dans le bas, 1 pied ou 12 onces, et, dans le haut, 13 onces, en réservant, encore une fois, la partie impaire, égale à 13 onces, pour contenir l'inscription ; et, vous le remarquerez, ce nombre 13, égal à $4+9$, est encore un de ceux sur lesquels j'ai spécialement appelé votre attention tout à l'heure.

En troisième lieu, cette dernière partie a été divisée elle-même, en opérant toujours de la même manière, en deux autres parties ayant l'une 6 onces, et l'autre 7 onces, et c'est la fraction impaire, ayant 7 onces de hauteur, qui a été finalement réservée à l'inscription.

Il restait à tracer, après cela, dans cette zone de 7 onces de hauteur, les deux lignes de cette inscription et leur interligne, et, pour y parvenir, il était indispensable de faire encore deux nouvelles divisions, auxquelles le nombre 7 ne se prêtait guère, puisqu'il ne pouvait plus être partagé qu'une seule fois, en 3 et 4.

Mais voici par quel artifice le lapicide est sorti de cet embarras : il a divisé géométriquement l'intervalle total de 7 onces en 9 parties égales, et, continuant alors à pratiquer encore une fois le même système de division que tout à l'heure, il a d'abord assigné 4 de ces parties à la 1ʳᵉ ligne de l'inscription et 5 à tout le reste, pour diviser ensuite ce reste en deux autres parties comprenant, l'une 2 divisions pour correspondre à l'interligne, et l'autre 3 de ces mêmes divisions pour correspondre à la 2ᵉ ligne ; de sorte que, en définitive, lorsqu'on représente par le nombre carré 9 la hauteur totale de l'inscription, les hauteurs partielles se trouvent exprimées, savoir : celle de la ligne inférieure, par le nombre 3, racine carrée de 9 ; celle de la ligne supérieure, par le nombre carré 4, et celle de l'interligne, par le nombre 2, racine carrée de 4.

« Nam quadrati numeri potentissimi ducuntur. »

Je ne crains pas de vous le demander maintenant, Messieurs,

avec la plus entière confiance, me permettrez-vous de considérer désormais ma thèse comme suffisamment établie, et m'autoriserez-vous à répéter qu'il est possible de trouver quelquefois, sur les pierres antiques de la plus modeste apparence, des preuves incontestables de l'importance exceptionnelle attribuée par les anciens au choix des nombres?

Me sera-t-il surtout permis d'espérer que quelques-uns d'entre vous, consentant à me suivre dans la voie où je viens d'entrer, voudront bien joindre leurs efforts aux miens pour arriver, s'il est possible, jusqu'à découvrir bientôt les règles mystérieuses qui présidaient autrefois à ce choix des nombres?

NOTES

SUR

LES RAILWAYS OU CHEMINS A RAINURES

DANS L'ANTIQUITÉ GRECQUE,

PAR M. E. CAILLEMER,

PROFESSEUR À LA FACULTÉ DE DROIT DE GRENOBLE,
MEMBRE DE LA SOCIÉTÉ DE STATISTIQUE DE L'ISÈRE.

De lourdes voitures, dans lesquelles cinquante voyageurs trouvent aisément place, circulent depuis plusieurs années sur le cours la Reine, à Paris, traînées avec facilité par des chevaux, sur des rails de fer. Les chemins à rainures que l'on prépare pour ce service sont aujourd'hui connus sous le nom de *chemins de fer américains,* comme si l'honneur de les avoir inventés revenait au nouveau monde.

La courte note que j'ai l'honneur de vous soumettre vous prouvera, sur ce point encore, comme on l'a déjà fait pour beaucoup d'autres, que les découvertes modernes sont le plus souvent renouvelées des anciens, et que, après de longs siècles d'oubli et d'indifférence, nous ne faisons guère que reprendre, en les améliorant, les usages du passé.

I

Les voyageurs qui parcourent la Grèce ne peuvent se défendre d'un sentiment de surprise en voyant les routes rocailleuses et difficiles qui conduisent aux cités et aux sanctuaires les plus illustres de l'antiquité. Autrefois, en effet, sur ces routes, les chars des processions, ornés de guirlandes et de feuillages, portant les statues des dieux et les ministres du culte, s'avançaient majestueusement sans qu'une secousse détruisît jamais l'harmonie de leur décoration; tandis qu'aujourd'hui, dans ces mêmes voies illustrées par tant de souvenirs, on a fort à faire pour diriger sa monture au milieu des aspérités du chemin.

Çà et là, il est vrai, de chaque côté de l'étroit sentier dans lequel le mulet marche péniblement, apparaissent des ornières profondément et régulièrement creusées, qui prouvent que des chars ont autrefois passé sur ces routes raboteuses. Mais, leur conservation parfaite formant un saisissant contraste avec le mauvais état de la chaussée, l'étonnement de l'observateur, loin de diminuer, redouble.

Depuis longtemps les savants se préoccupaient de cette difficulté, sans lui trouver d'explication satisfaisante. Mais, après des observations réitérées, une conviction s'est enfin formée.

Les traces de roues que l'on voit, à chaque pas, imprimées sur le sol de la Grèce ancienne, et qui se trouvent aux portes mêmes d'Athènes, dans le chemin qui conduit directement du Pirée à l'Agora [1], ces *manifesta rotæ vestigia*, sans lesquels les anciens ne pouvaient pas se représenter même la voie suivie par le char du soleil, ne sont pas de vraies ornières creusées par le long usage ou par le défaut d'entretien des routes : ce sont des rigoles travaillées et soigneusement nivelées.

Cette proposition, qui pourra sembler paradoxale en France, n'est plus aujourd'hui contestée par les érudits anglais ou allemands; elle a été parfaitement mise en lumière par les observateurs les plus consciencieux, entre lesquels il me suffira de citer MM. Leake, Ross, Mure et Curtius [2].

M. Mure, notamment, a donné une attention tout à fait spéciale à cette question, et voici en quels termes il résume ses impressions dans le journal de son voyage : « Lorsque je parle *d'ornière des*

---

[1] Voyez Henriot, *Topographie des dèmes de l'Attique*, 1853, p. 8.

[2] Voyez spécialement la dissertation de M. Curtius qui a pour titre : *Zür Geschichte des Wegebaus bei den Griechen, ein Beitrag zur Alterthumswissenschaft von Ernst Curtius*, Berlin, 1855, p. 12 à 15. — Nous indiquerons avec soin les emprunts que nous avons faits à ce savant travail, auquel on ne peut faire qu'un reproche, celui de ne pas toujours renvoyer aux sources.

roues, ce mot ne doit pas être entendu dans le sens d'un creux ou d'une inégalité formée sur un chemin uni par un long usage ou par la négligence. Je veux parler d'une rainure ou rigole creusée intentionnellement, à des distances calculées, sur la largeur ordinaire de la voie des chars, dans le but d'assurer la direction des roues et de faciliter la traction du chargement sur un sol rocheux et accidenté. C'est, ajoute M. Mure, quelque chose d'analogue à nos rails de chemins de fer (*as the sockets of our rail-roads*), et l'on peut en vérité donner à ces chemins le nom de voies en rails de pierre (*stone railway*)[1]. »

En effet, lorsque le sol de la route était du rocher nu ou de la pierre recouverte d'une couche de terre fort mince (ce qui arrivait presque toujours), les Grecs observaient dans la construction de leurs voies un principe qui est appliqué de nos jours pour l'établissement des chemins de fer. Ils ne rendaient point carrossable toute la largeur de la chaussée; ils se contentaient d'un grossier nivellement; puis ils creusaient, pour les roues, des rainures, qu'ils préparaient avec le plus grand soin, afin que le char roulât avec sécurité et avec facilité sur une surface parfaitement unie, au fond de la rigole; enfin, entre les deux rainures, pour égaliser le sol, lorsqu'il était trop raboteux ou trop inégal, ils répandaient du sable ou du gravier[2].

Si l'on se refusait à admettre ce mode de construction, il serait impossible d'expliquer des chemins tels que ceux que l'on voit aux environs d'Orchomène. Ils présentent deux rainures d'un nivellement irréprochable, séparées l'une de l'autre par des trous assez profonds et par des pointes très-aiguës[3].

Les Grecs paraissent avoir employé, pour désigner ces rainures creusées dans la pierre, une expression spéciale, *ἴχνος*, par oppo-

---

[1] *Journal of a tour in Greece*, t. II, p. 251.

[2] Curtius, *loco cit.* p. 13-14. — Cf. Ernst Guhl, *Das Leben der Griechen*, 2ᵉ édition, Berlin, 1864, p. 74. « Aujourd'hui encore la Grèce est traversée par des routes sur lesquelles on a creusé artificiellement (*künstlich*), dans le sol du rocher, des ornières pour les roues des voitures. De cette façon, les statues des dieux et les objets du culte pouvaient se rendre commodément d'un lieu à un autre. Entre les rainures, la surface de la route était égalisée avec du sable ou du gravier. »

[3] Curtius, *loco cit.* p. 14.

sition aux ornières que le passage continu des voitures pouvait former dans la terre ou sur le sable : ἁρματροχίαι · αἱ τῶν τροχῶν ἐν τῇ γῇ ἀποκαράξεις [1].

Le creusement de la rainure ! voilà donc quelle était l'opération la plus importante dans la construction des routes. De là ces mots que l'on rencontre si souvent dans les langues anciennes pour l'ouverture d'une voie : τέμνειν ὁδόν, *secare viam*.

De plus, comme cette rainure était la partie essentielle du chemin, le mot ἴχνος servit parfois à désigner la route tout entière : ἴχνος · ὁδόν, πορείαν, dit Photius [2]. Le fait de construire une route fut exprimé par les mots : τὸ ἴχνος ἐπισκευάζειν καὶ ἀνατιθέναι [3] ; et parmi les souhaits de bon voyage que l'on adressa à son ami figura celui d'un ἀβλαβὲς ἴχνος [4].

Il ne faut pas croire que les républiques grecques aient eu seules l'idée de tracer ainsi des rainures sur la chaussée des routes. Les chemins qui conduisent aux ruines des villes les plus anciennes du Latium, notamment à Cora, à Norba et à Signia, chez les Volsques, présentent des vestiges de ce procédé de construction [5]. Un de mes confrères de l'Académie delphinale, M. P. de Boissieu, m'a assuré qu'il l'avait plusieurs fois observé aux environs de Syracuse, et j'ai quelques raisons de croire qu'on le retrouvera dans nos Alpes françaises, sur la voie qui conduisait de Briançon à Grenoble, pendant la période de la domination romaine [6]. De nos jours encore, en Écosse, aux environs de Glascow, il a été utilisé pour des chemins

---

[1] Hesychius, v° ἁρματροχίαι. Cf. v^um ἁματροχίας, et la note de l'édition Alberti, t. I, p. 264, n° 31.

[2] *Lexique*, éd. Leipzig, 1823, p. 103.

[3] *Corpus inscriptionum Græcarum*, n° 5141, t. III, p. 519 : M. Βαλέριος Ἀρίστων, ἱερώμενος τοῦ κτίστου Ἀπόλλωνος, ἐκ τῶν ἰδίων τὸ ἴχνος ἐπισκεύασεν καὶ ἀνέθηκεν. (*Inscriptiones Cyrenaicæ*.)

[4] *Corpus inscriptionum Græcarum*, n° 3256, t. II, p. 749 :

Ξεῖνε, σὺ δ' ἀείσας Δημοκλέος υἱέα χαίρειν
Δημοκλέα, στείχοις ἀβλαβὲς ἴχνος ἔχων.

(*Inscriptiones Lydiæ*.)

[5] Curtius, *loco cit.* p. 13.

[6] Voyez, sur cette voie romaine, un mémoire de M. Scipion Gras dans le tome I des *Mémoires de la Société de statistique de l'Isère*.

qui passent sur des rocs escarpés [1]. Les récits des voyageurs m'en fourniraient aisément d'autres exemples.

II

L'inconvénient principal qui résultait de ce mode de construction des routes était précisément celui qu'offrent encore de nos jours les voies ferrées.

Lorsque deux chars engagés l'un et l'autre dans la rainure (ἴχνος), et allant dans des directions opposées, venaient à se rencontrer, il fallait que l'un des voyageurs, pour laisser la voie libre à l'autre, fît sortir péniblement de l'ornière les roues de sa voiture, et, se condamnant à un léger détour, les fît passer sur la partie raboteuse du chemin.

Quelle cause fréquente de conflits entre des hommes encore peu policés, ayant tous une haute idée de leur dignité personnelle, et peu enclins à des actes de mutuelle condescendance!

« Est-il rien de plus intolérable, dit Ion, que d'être obligé, parce qu'on est le plus faible, de céder la voie à un homme que l'on méprise? »

$$\ldots\ldots\ldots\ldots\text{κεῖνο δ' οὐκ ἀνασχετὸν}$$
$$\text{Εἴκειν ὁδοῦ χαλῶντα τοῖς κακίοσιν [2].}$$

Des rixes quelquefois mortelles, des coups, ou tout au moins des injures devaient être la conséquence habituelle de ces sortes de conflits.

Qui ne connaît l'épisode tragique de la mort de Laïus, frappé par son fils Œdipe? Deux voyageurs se rencontrent sur une route; une lutte de préséance s'engage entre eux, et elle se termine par la mort de l'un des deux rivaux.

Permettez-moi, Messieurs, de le dire en passant, les termes du récit de Sophocle, dans la tragédie d'*Œdipe roi,* confirment merveilleusement les données fournies par les observations des voyageurs sur le mode de construction des routes chez les Grecs.

Placez, en effet, la rencontre des deux héros sur une route large et aplanie dans toute sa surface, vous ne comprendrez guère cette

[1] Curtius, *loco cit.* p. 13.
[2] Euripide, *Ion,* v. 636-637.

collision ridicule entre deux hommes qui pourraient si aisément l'éviter en détournant l'un et l'autre leurs chars.

Mais supposez, au contraire, que les deux voyageurs étaient engagés dans la même rainure, et tout va s'expliquer aussitôt. OEdipe et Laïus se trouvent face à face, retenus par l'ornière : συνηντίαζον [1]; il faut que l'un des deux fasse place à l'autre en quittant la voie. Laïus a sans doute pour lui le privilége de l'âge et de la royauté; mais OEdipe, qui se croit issu de la famille royale de Corinthe, tient à honneur de ne pas céder. Les compagnons du roi de Thèbes, profitant de leur nombre, forcent le jeune homme à quitter la rainure : ἐξ ὁδοῦ... πρὸς βίαν ἠλαυνέτην [2]. OEdipe s'indigne contre ces misérables, qui usent envers lui de violence pour le contraindre à faire un détour.

> Κἀγὼ τὸν ἐκτρέπουτα, τὸν τροχηλάτην,
> Παίω δι' ὀργῆς [3].

Laïus prend la défense des siens; la querelle s'envenime, et bientôt le vieux roi et ses gens tombent sous les coups de leur adversaire.

« Heureux je suis, dit encore Ion, moi qu'aucun méchant n'a jamais forcé à sortir du chemin! »

> . . . . .οὐδέ μ' ἐξέπληξ' ὁδοῦ
> Πονηρὸς οὐδείς [4].

Tant que les seules voies dignes du nom de routes furent les voies sacrées, placées sous la surveillance de l'autorité religieuse, affectées au service de la divinité et réservées spécialement pour les processions, le danger des rencontres ne fut point très-sensible.

Mais lorsque les routes profanes se multiplièrent, les occasions de conflit devinrent plus fréquentes, et l'on dut chercher à les éloigner. Pour obtenir ce résultat désirable, deux moyens se présentaient à l'esprit, et ils furent l'un et l'autre employés par les Grecs.

[1] Sophocle, *OEdipe roi*, v. 804.
[2] *Id. ibid.* v. 804-805.
[3] *Id. ibid.* v. 806-807.
[4] Euripide, *Ion*, v. 635-636.

On pouvait d'abord, sur chaque route, établir deux voies parallèles; c'était sans doute le parti le plus simple et le plus naturel, mais c'était aussi le plus onéreux.

On pouvait, en second lieu, pour éviter des frais considérables, se contenter d'une voie unique, à la condition de ménager çà et là des courbes d'évitement [1]. Ce second système, que l'on peut voir mis en pratique sur quelques-unes de nos lignes de chemins de fer, tout en présentant plus d'inconvénients que le premier, avait cependant sur lui un avantage : il permettait à un char de prendre les devants sur un autre char roulant dans la même direction, en profitant de la courbe pour dépasser l'obstacle.

Le mieux eût été encore de combiner les deux systèmes, en adoptant le principe des deux voies, et en offrant aux voyageurs, par des rainures transversales, un moyen facile de diriger leurs chars d'une voie sur l'autre.

Les courbes d'évitement reçurent un nom particulier, le nom d'ἐκτροπαί.

On en voit aujourd'hui des traces évidentes sur la grande route qui conduisait de Sparte à Hélos. Les deux rainures, profondément creusées, s'infléchissent en demi-cercle de chaque côté de la voie, et vont se rejoindre un peu plus loin [2].

C'est à ces ἐκτροπαί qu'il faut demander l'origine du mot ἐκτρέπεσθαι, « faire un détour pour éviter un choc, » et du mot ἀτραπός, qui désignait les voies de moindre importance, voies peu fréquentées, sur lesquelles les courbes d'évitement étaient inutiles. Ἀτραπός · ὁδὸς μὴ ἔχουσα ἐκτροπάς, disait Hesychius.

III

Tout cela était assurément bien loin de la perfection relative que nous avons atteinte, et les idées que nous nous faisons aujourd'hui de la facilité et de la rapidité des communications se concilient mal avec les procédés employés par les Grecs.

---

[1] Voyez Ernst Guhl, *Das Leben der Griechen,* 2ᵉ édit. Berlin, 1864, p. 74. « Lorsqu'il n'y avait pas de doubles rainures, on établissait des lieux d'évitement (*Ausweicheplätze*) pour obvier aux conflits. »

[2] Curtius, *loco cit.* p. 15.

Dans ces voies rurales que les municipalités dédaignent d'entretenir, et que le passage quotidien de pesantes voitures agricoles a décorées de rainures qui n'ont rien de scientifiquement calculé, chacun de nous a pu, par son expérience personnelle, apprécier les inconvénients du système que j'ai essayé de décrire. Engagé que vous êtes dans des ornières véritables, vous devez souvent vous résigner à suivre lentement quelque lourde charrette qui ne peut se déplacer pour vous livrer passage, et l'ennui que vous éprouvez n'est rien encore auprès des embarras que vous occasionnera la rencontre inattendue d'un véhicule se dirigeant vers vous. Ces souvenirs, présents à notre esprit, peuvent obscurcir nos jugements sur les voies de communication des Grecs.

Mais, dans l'étude de l'antiquité, il est bon de se dépouiller quelquefois de ses impressions habituelles, pour ne point soumettre au même contrôle des faits entièrement différents : c'est ce que nous devons tenter de faire en ce moment.

Il est impossible, en y réfléchissant attentivement, de ne pas reconnaître que les inconvénients que je viens de rappeler étaient moins grands pour les anciens qu'ils ne le seraient pour nous.

Les citoyens qui parcouraient habituellement la ville sur des chars, ζεύγει ἐς πόλιν ἐρχομένοι [1], étaient remarqués par leurs concitoyens. Ceux-ci s'étonnaient d'une pareille manière d'agir, alors même qu'elle émanait d'un millionnaire.

Démosthène ne se plaignait-il pas du luxe exagéré de Midias, . . . τῆς ἰδίας τρυφῆς ἕνεκα [2] . . ., qui avait mis à la disposition de sa femme, pour les courses qu'elle devait faire dans la ville, deux chevaux blancs de Sicyone [3]?

Il fallait être de Cyrène pour avoir l'idée de se rendre en voiture au festin auquel on avait été convié [4].

Et les Syracusains avaient cru conférer à leur bienfaiteur Timoléon un honneur exceptionnel en lui permettant d'aller discuter

[1] Aristophane, *Thesmophoriazusæ*, v. 811-812 ; cf. Curtius, p. 10.

[2] Démosthène, *Contra Midiam*, § 159, Reiske, 566.

[3] Démosthène, *Contra Midiam*, § 158, Reiske, 565.

[4] Alexis, *Poetarum comicorum fragmenta*, édition Didot, p. 570. — Athénée, *Deipnosophistæ*, XII, sect. 1, p. 510.

les affaires publiques au théâtre, sur un char à deux chevaux : ἐπὶ ζεύγους πρὸς τὸ θέατρον ἐπορεύετο [1].

L'usage des chars dans l'intérieur des villes, même à Athènes, était donc considéré comme un signe de mollesse et de faste. Il en était de même pour l'extérieur.

Les femmes riches d'Athènes ayant contracté l'habitude de se rendre en voiture à Éleusis [2], l'orateur Lycurgue se préoccupa de ce fait, et il édicta une loi qui défendait aux Athéniennes, sous peine d'une amende de 6,000 drachmes, d'aller en char les jours de procession [3].

Il ne fallait pas, en effet, dans ces républiques démocratiques, qu'un sentiment de regret ou d'envie pût s'établir dans le cœur de ceux auxquels leur fortune ne permettait pas de prétendre à un pareil luxe. Et peut-être est-ce à l'exagération de ce sentiment égalitaire qu'il faut attribuer la démarche de Cimon, montant à l'Acropole, la veille de la bataille de Salamine, pour offrir à Minerve le frein de son cheval, et se condamnant par ce sacrifice à servir désormais dans l'infanterie [4].

Les chars étaient donc fort rares à Athènes, et les communications dans la ville y gagnaient en sécurité et en facilité.

De plus, la coutume une fois adoptée de se rendre à pied là où leurs occupations pouvaient les appeler dans la cité, les anciens ne l'abandonnaient point dans leurs voyages.

Les ambassadeurs qu'Athènes adressait aux souverains étrangers ne croyaient pas manquer à la dignité de la république en se dirigeant à pied vers le lieu où ils devaient remplir leurs fonctions. C'était cependant le trésor public qui subvenait aux frais de voyage (πρεσβεῖα, ἐφόδια, μεθόδια), et l'on sait qu'Athènes se montrait assez libérale pour ses députés [5].

Aussi l'hilarité était grande quand les envoyés à la cour du roi de Perse se plaignaient, dans Aristophane, des fatigues qu'ils

[1] Plutarque, *Timoléon*; c. xxxviii.
[2] Aristophane, *Plutus*, v. 1013-1014.
[3] Pseudo-Plutarque, *Vies des dix orateurs*, *Lycurgue*, c. v.
[4] Plutarque, *Cimon*, c. v.
[5] Démosthène, *De falsa legatione*, § 158, Reiske, 390.

avaient endurées pendant le cours de leur mission , passant les nuits
sous la tente et voyageant le jour dans des litières fermées : ἐφ᾽ ἁρ-
μαμαξῶν μαλθακῶς κατακείμενοι [1]; spectacle vraiment inaccoutumé,
qui suffisait pour provoquer les rires ironiques des spectateurs.

Ce qui tend encore à nous prouver que les courses à pied étaient
la règle, c'est que les chevaux figuraient à Athènes parmi les objets
de luxe. Leur prix, si on le compare à celui des autres animaux
domestiques, était relativement fort élevé.

A l'époque où des bœufs de forte taille, tels que ceux que l'on
offrait pour des sacrifices, coûtaient à peine 70 francs [2], on regardait comme un animal de peu de valeur, comme une bête de
somme, comme une rosse (καβάλλης), un cheval qui n'avait coûté
que 3 mines (278 francs).

« Comment avez-vous dissipé votre fortune? dit à son adversaire
l'orateur Isée. Ce n'est certes pas à élever des chevaux; vous n'en
avez jamais possédé un seul valant plus de 3 mines [3].

Les chevaux de selle (κοππατίας) se payaient au moins 12 mines
(1,112 francs) [4]; et, s'il faut en croire la tradition, le fameux Bu-
céphale avait été acheté 13 talents (72,292 francs) [5].

Aussi, dans certaines cérémonies solennelles où l'emploi des
chars était conforme aux usages, par exemple, pour conduire la
femme dans la maison de son mari (ἡ τῆς νύμφης μέθοδος), ces
chars étaient traînés par des mulets [6] ou des bœufs [7]. Souvent même
la mariée se dérobait à cette promenade en voiture, en se rendant

---

[1] Aristophane, *Acharnenses*, v. 70.

[2] *Corpus inscriptionum Græcarum*, n° 158. — Cf. Böckh, *Staatshaushaltung der
Athener*, 2° éd. Berlin, 1851, t. II, p. 95. Inscription de l'an 374, d'après laquelle
109 bœufs, choisis pour être immolés en l'honneur de la divinité, coûtèrent
8,419 drachmes : chaque bœuf valait donc en moyenne environ 77 drachmes.

[3] Isée, *De Dicæogenis hereditate*, S 43, Didot, p. 272.

[4] Aristophane, *Nubes*, v. 20 et 1226. — Cf. Lysias, *Oratio* VIII, S 10, Didot,
p. 129.

[5] Aulu-Gelle, *Noctes Atticæ*, V, 11, 2.

[6] Les mulets se payaient proportionnellement assez cher. Isée (*De Philoctemonis
hereditate*, S 33, Didot, p. 278) nous donne le prix de deux paires de mulets de
montagne, δύο ζεύγη ὀρικά. La première est évaluée à 8 mines (741 francs); la
seconde, à 550 drachmes (509 francs).

[7] Photius, *Lexique*, v° ζεῦγος ἡμιονικόν.

simplement à pied au domicile de son époux, puisque la langue grecque avait un mot pour désigner la femme qui agissait de cette manière : ἡ χαμαίπους [1].

Les messagers de l'État (ἡμεροδρόμος) voyageaient à pied, et le service public n'avait point à en souffrir, tant était grande leur rapidité : « Ingens die uno cursu emetientes spatium [2]. »

On en vit qui allaient d'Athènes à Sparte en deux jours [3], et cet Euchidas dont parle Plutarque effectua en une seule journée le voyage de Platée à Delphes, parcourant ainsi la distance énorme de 185 kilomètres [4].

Pour les transports commerciaux, beaucoup se faisaient à dos de bêtes de somme. Nous savons notamment par Démosthène [5] qu'une partie du bois qui se brûlait à Athènes y était apporté par des ânes [6].

Il me paraît inutile, Messieurs, d'abuser plus longtemps de votre bienveillante attention en multipliant les témoignages [7]. Je voulais seulement prouver que la rencontre de deux chars sur une même route devait être, dans les circonstances ordinaires, un fait exceptionnel ; et je me crois autorisé maintenant à vous dire que les voies grecques, telles que je les ai décrites dans la première partie de ce mémoire, suffisaient amplement aux besoins de la circulation des peuples qui les avaient établies.

[1] Pollux, II, 195 : Ἐκάλουν οὕτω τὴν οὐκ ἐπὶ ζεύγους κομιζομένην νύμφην.

[2] Tite-Live, XXXI, xxiv.

[3] Hérodote, VI, cvi.

[4] Plutarque, *Aristide*, c. xx.

[5] *Contra Phœnippum*, § 7, Reiske, 1041.

[6] Je ne connais aucun document relatif au prix de l'âne à l'époque classique ; mais il devait être peu élevé. Longtemps après, au second siècle de notre ère, cet animal valait environ 25 drachmes attiques (Lucien, *Asinus*, c. xlvi, éd. Didot, p. 462) ; à 30 drachmes, le cours habituel était dépassé : ϖιπράσκομαι ϖολλῆς ϖάνυ τιμῆς τριάκοντα δραχμῶν. (*Id. ibid.* c. xxxv, éd. Didot, p. 458.)

[7] J'aurais pu, notamment, faire remarquer encore que les courses de chevaux n'apparurent qu'assez tard dans les jeux olympiques. Elles remontent seulement à la 25ᵉ olympiade (680 avant J. C.). — Voyez aussi Xénophon, *Agésilas*, IX, vi.

FIN.

TABLE DES PLANCHES.

———

TABLE DES MÉMOIRES

CONTENUS

DANS CE VOLUME.

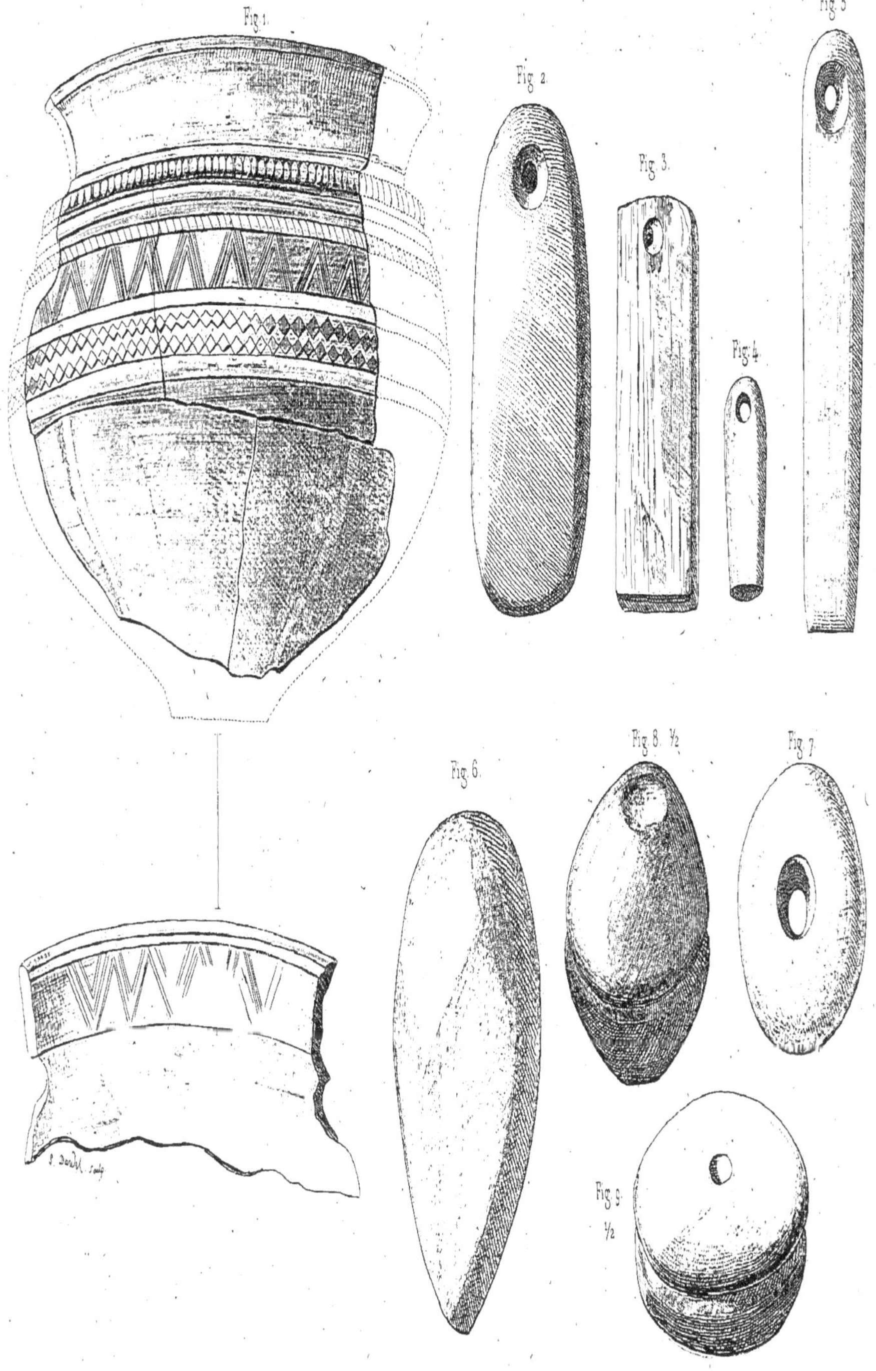

ANTIQUITÉS LACUSTRES DE LA SAVOIE.

Collection L. Rabut. fig. 1, 2, 3, 4, 6, 7, 8 et 9.

Collection Em. Colliot. fig. 5.

Imprimerie Impériale.

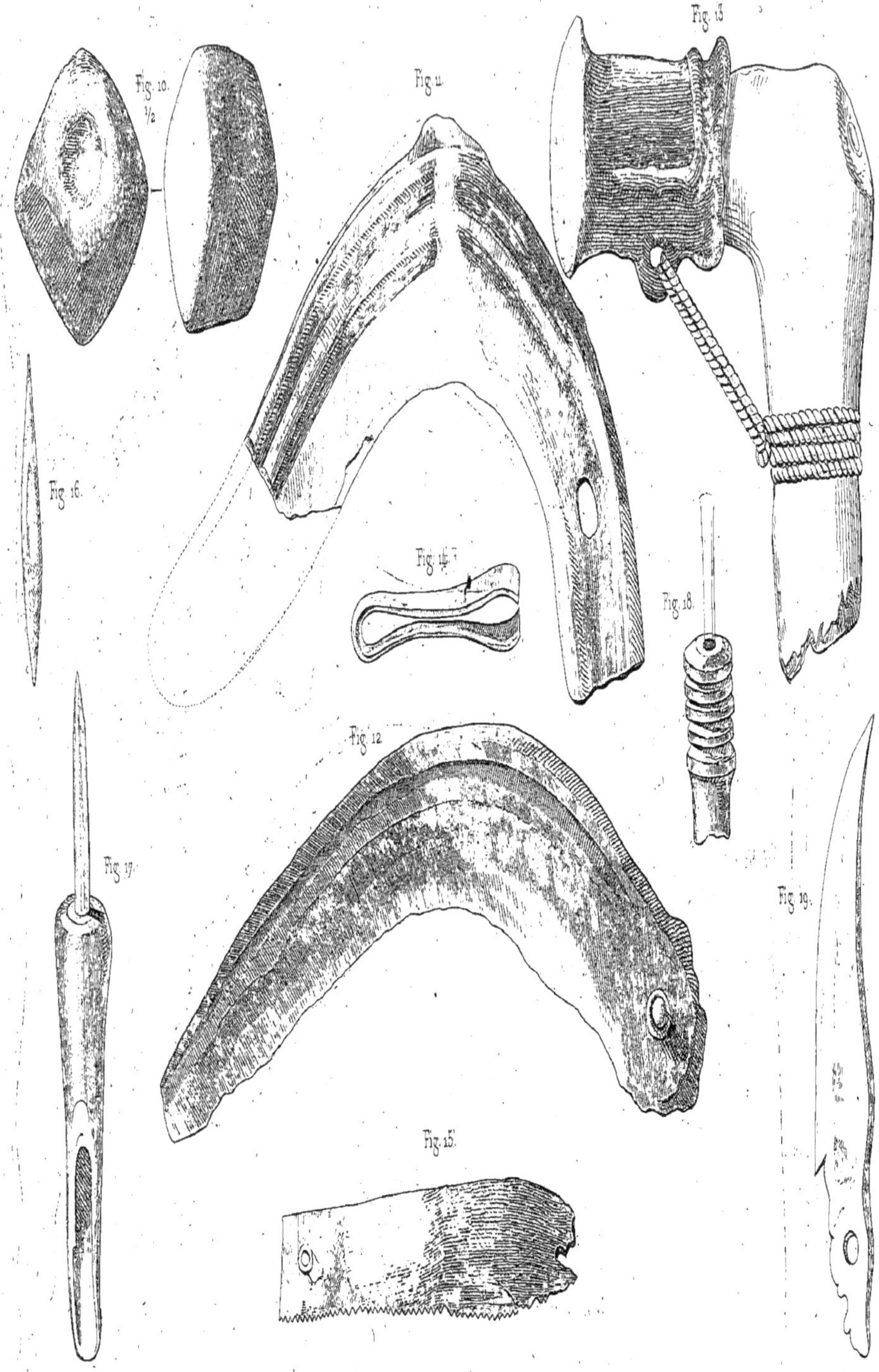

ANTIQUITÉS LACUSTRES DE LA SAVOIE.

Musée Impérial de St Germain fig. 11.
Collection L. Rabut, fig. 10, 12, 13, 14, 15, 16, 17, 18.

Musée Départemental de Chambéry, fig. 19.

Imprimerie Impériale.

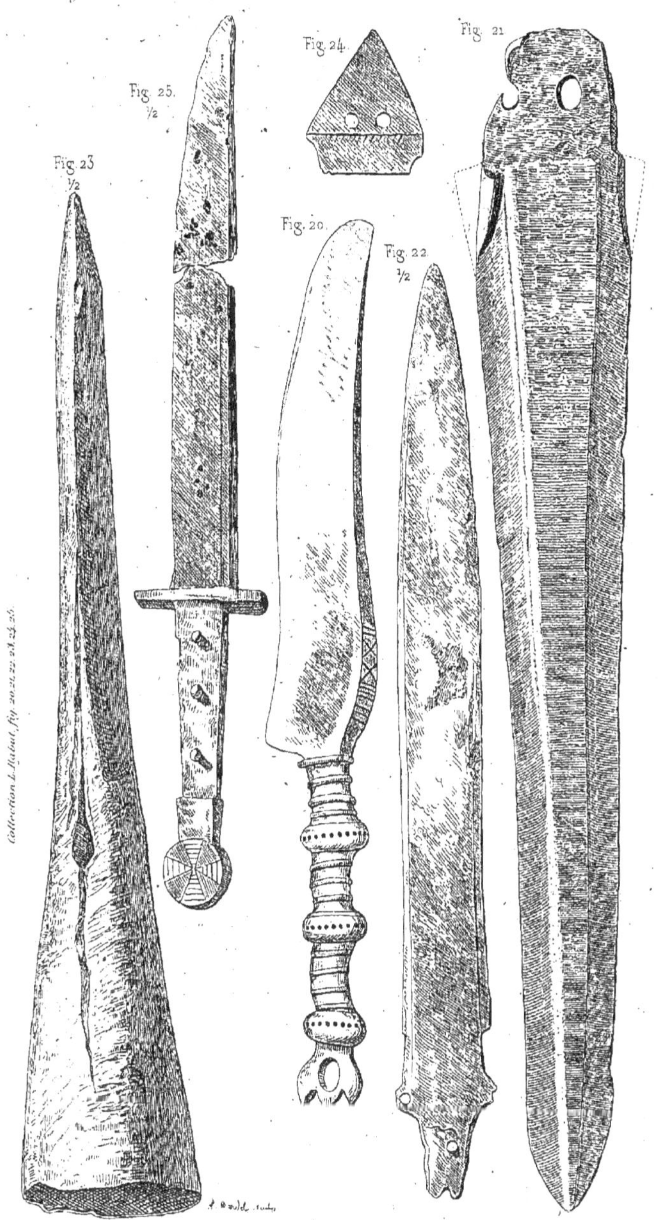

ANTIQUITÉS LACUSTRES DE LA SAVOIE.

POLISSOIRS TROUVÉS DANS LE VENDOMOIS.

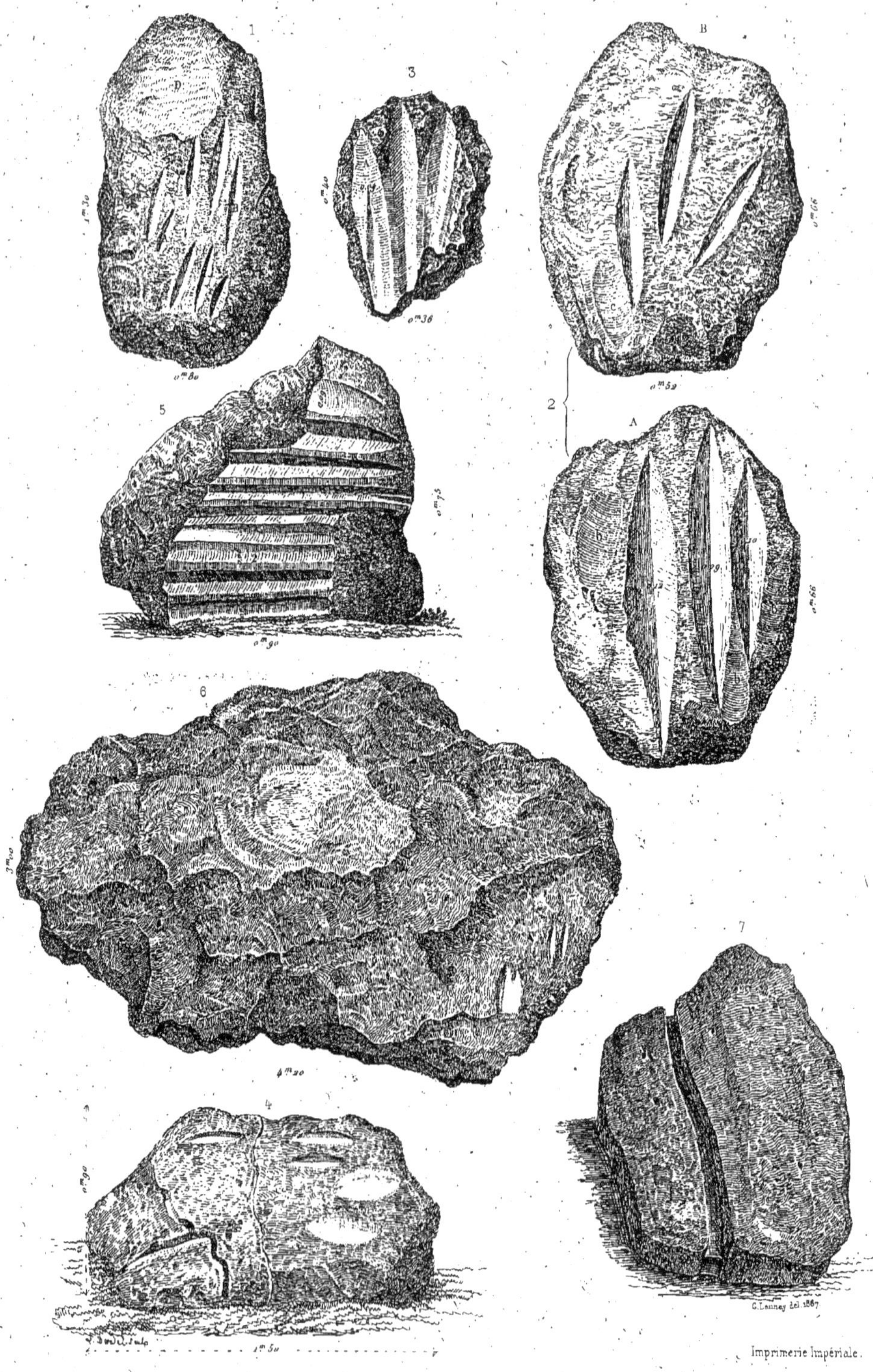

POLISSOIR DE DROUÉ
Arrondissement de Vendôme.

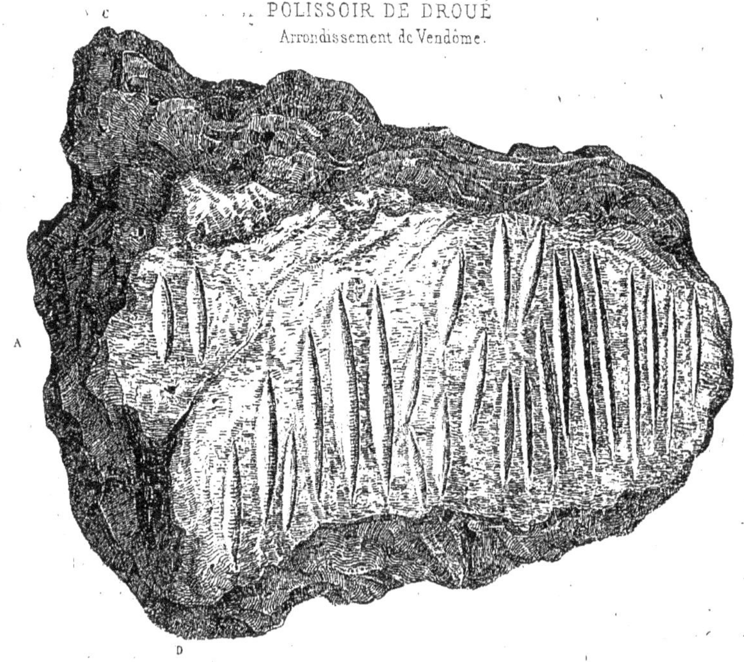

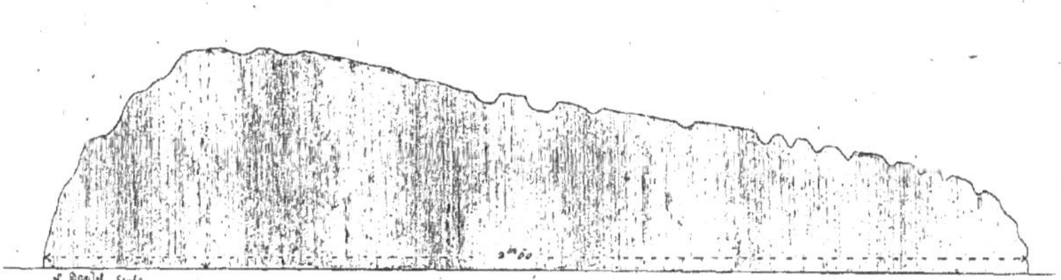

Coupe sur la ligne A.B.

Imprimerie Impériale

Revers du couvercle.
H.C. del.

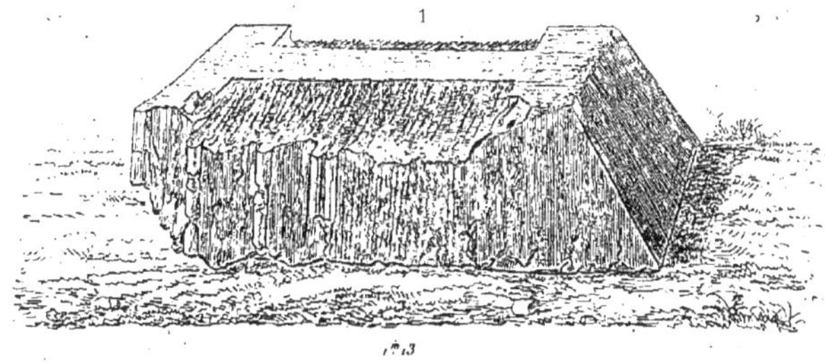

1

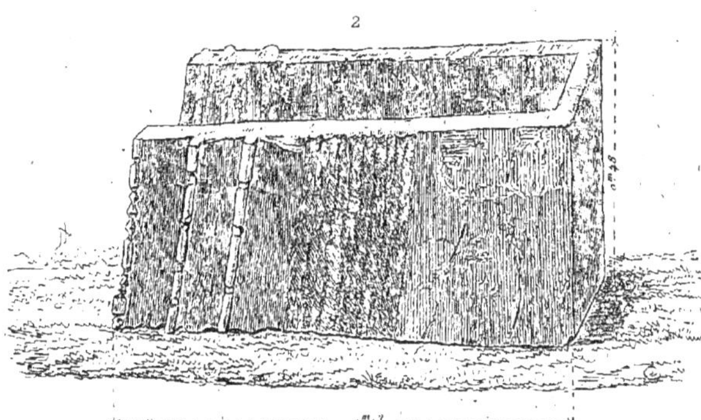

2

3

Imprimerie Impériale.

VESONTIO.
(Besançon.)

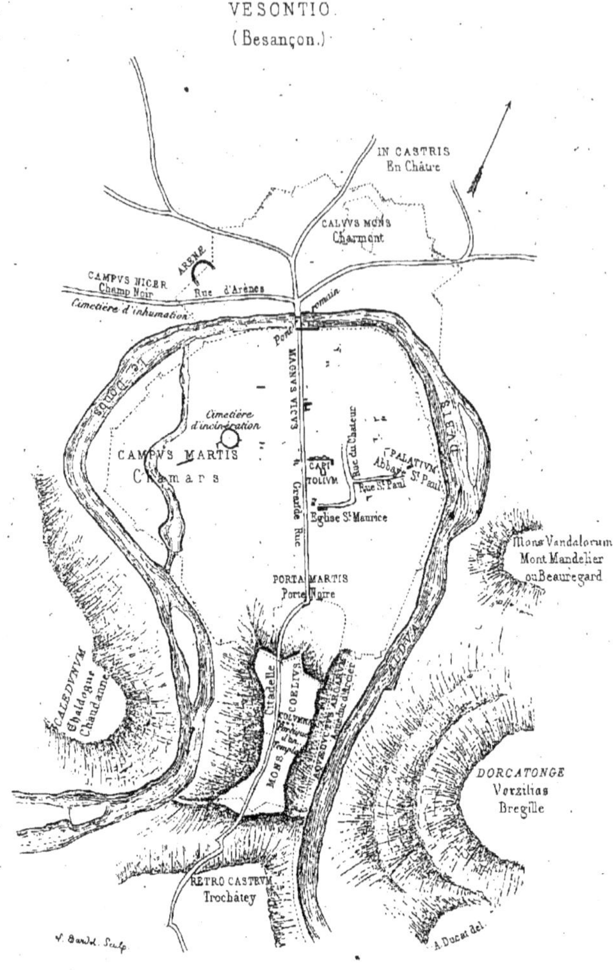

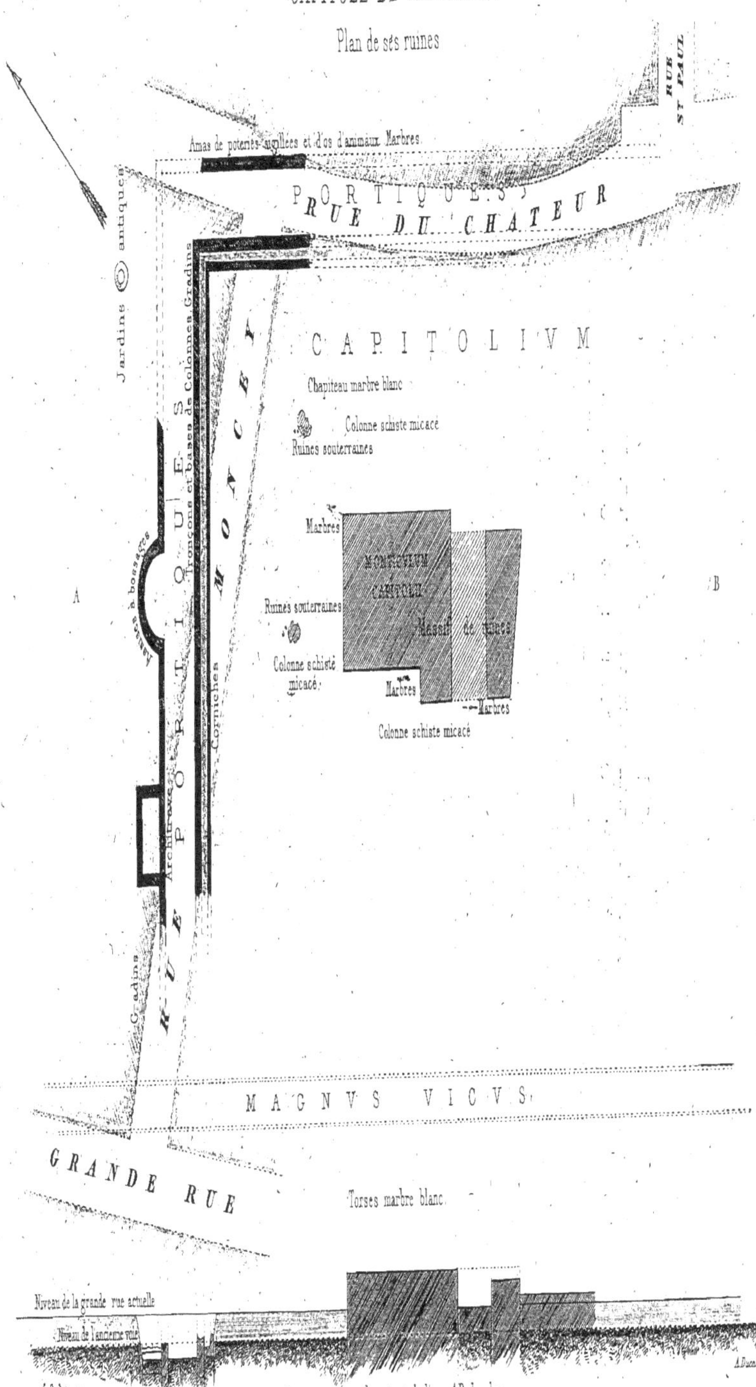

Lectures faites à la Sorbonne en 1868.
CAPITOLE DE VESONTIO
Plan de ses ruines
RUE ST. PAUL
Amas de poteries sigillées et d'os d'animaux. Marbres.
PORTIQUES
RUE DU CHATEAU
CAPITOLIVM
Chapiteau marbre blanc
Colonne schiste micacé
Ruines souterraines
Jardins antiques
Tronçons et bases de Colonnes. Gradins.
RUE PORTIQUES
Corniches
MONCEY
Gradins
Architraves
Amas à bossages
A
Marbres
MONTOLIVM CAPITOLII
Massif de ruines
B
C
Ruines souterraines
Colonne schisté micacé
Marbres
Marbres
Colonne schiste micacé
MAGNVS VICVS
GRANDE RUE
Torses marbre blanc
Niveau de la grande rue actuelle
Niveau de l'ancienne voie
Coupe transversale suivant la ligne AB du plan.
A. Ducat del.
Echelle: 1 millim = 1 metre
Imprimerie Impériale.

CAPITOLE DE VESONTIO
Fragments du Portique et du Temple.

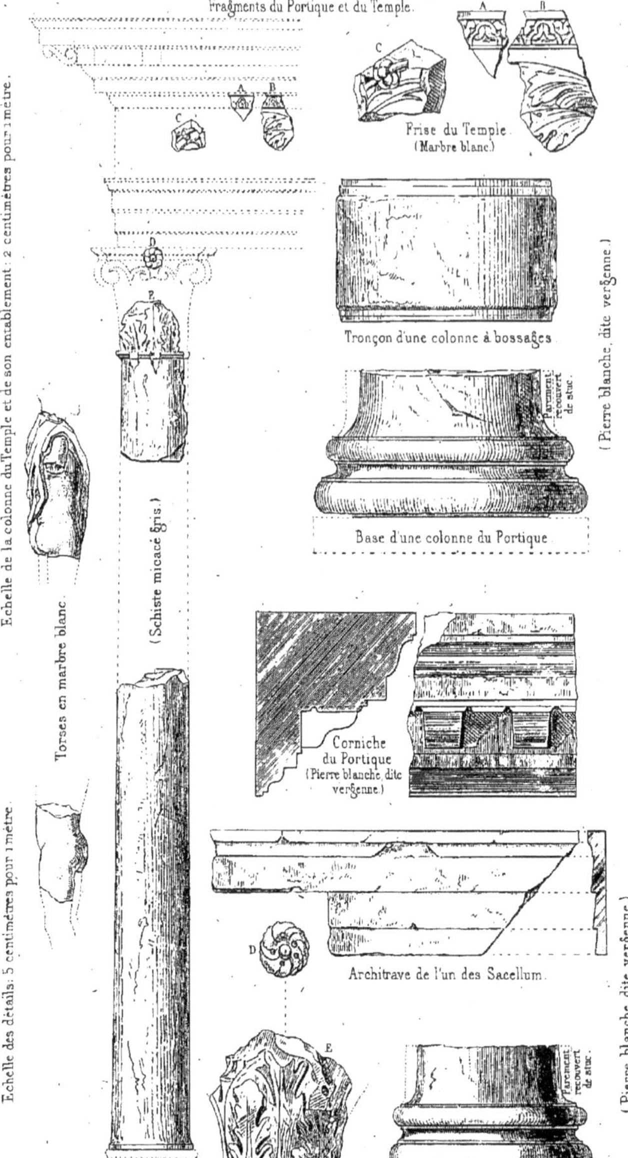

Frise du Temple.
(Marbre blanc.)

Tronçon d'une colonne à bossages.

Base d'une colonne du Portique.

Corniche du Portique
(Pierre blanche, dite vergenne.)

Architrave de l'un des Sacellum.

Colonne du Temple.

Chapiteau du Temple
(Marbre blanc.)

Base d'une colonne des Sacellum.

FOUILLES DU PRÉ-HAUT (LOIRET.)

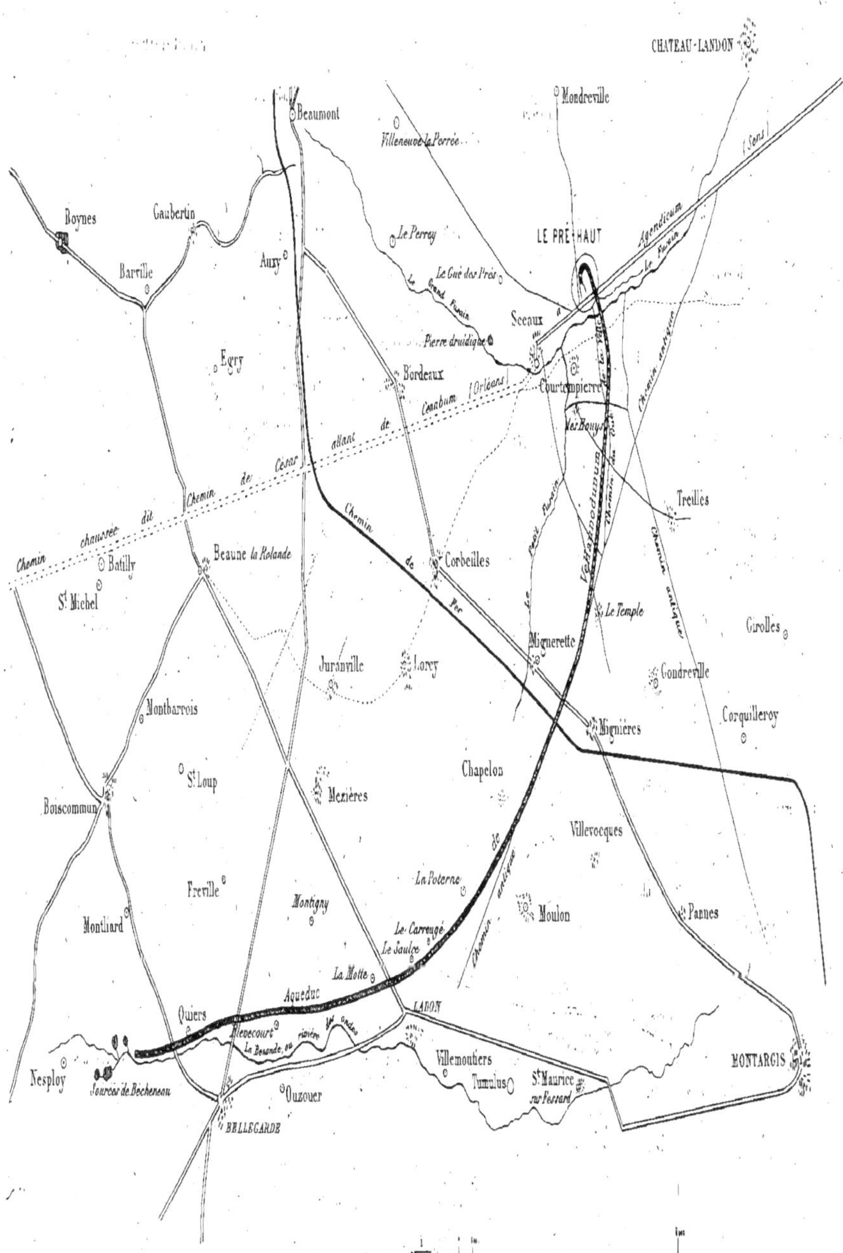

Imprimerie Impériale.

FOUILLES DU PRÉ-HAUT. (LOIRET.)

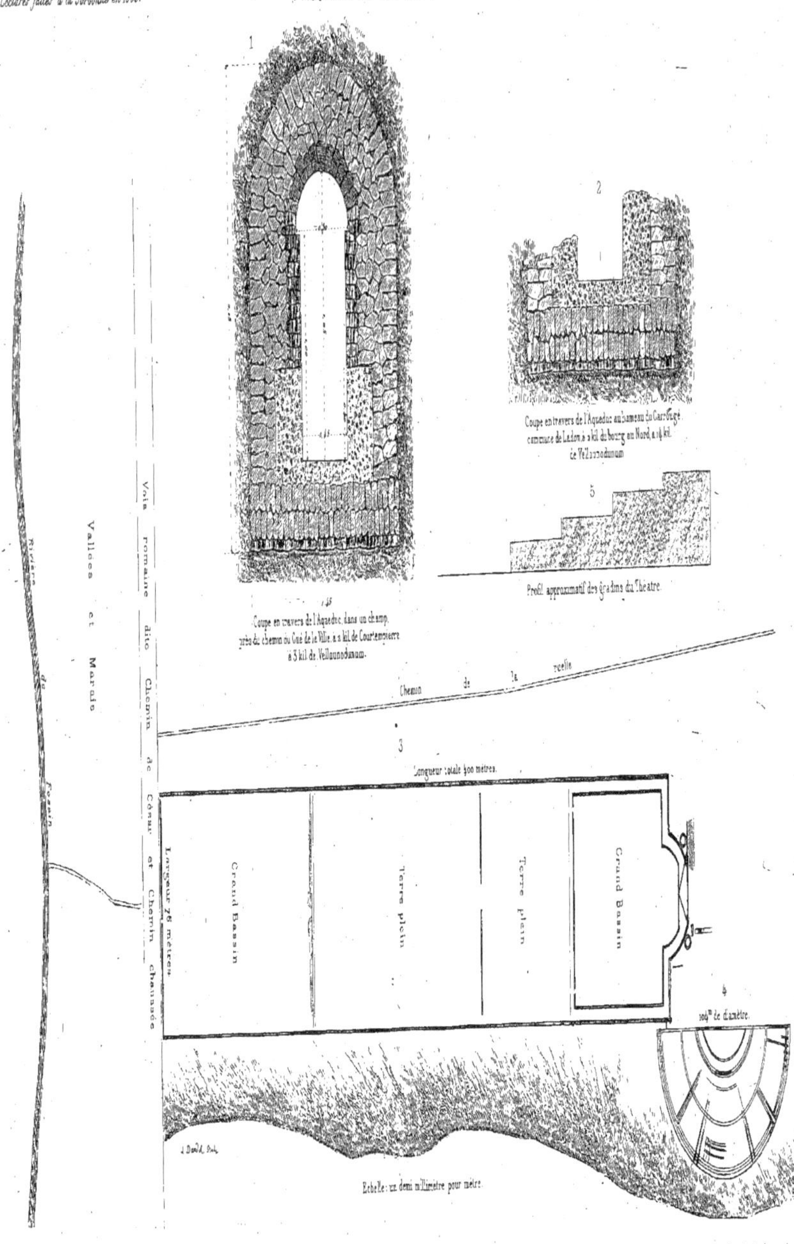

Coupe en travers de l'Aqueduc, dans un champ, près du chemin ou Gué de la Ville, a 2 kil. de Courtempierre à 3 kil. de Vellaunodunum.

Coupe en travers de l'Aqueduc au hameau du Carrefour, commune de Ladon, à 2 kil. du bourg au Nord, a 14 kil. de Vellaunodunum

Profil approximatif des gradins du Théâtre.

Échelle: un demi millimètre pour mètre.

J. David, Del.

URNES CINÉRAIRES
du départ.t de la Creuse.

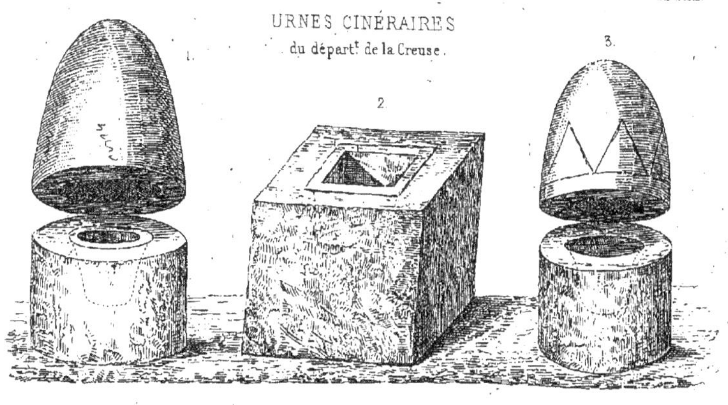

LÉGENDE

1. Janaillat.
2. La Vacheresse.
3.4.5. Janaillat
6. Budelière
7. St Yrieix-les-bois.

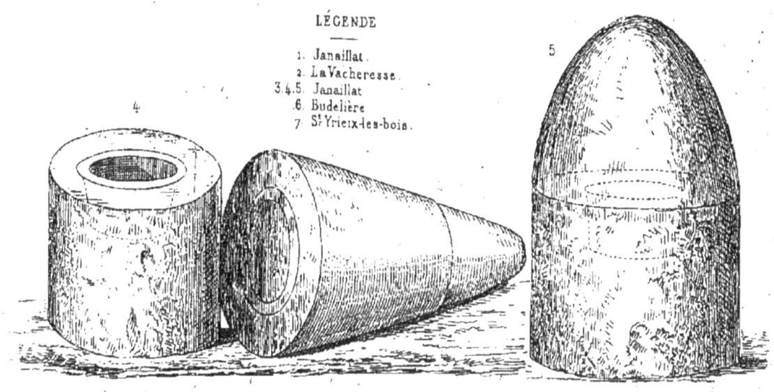

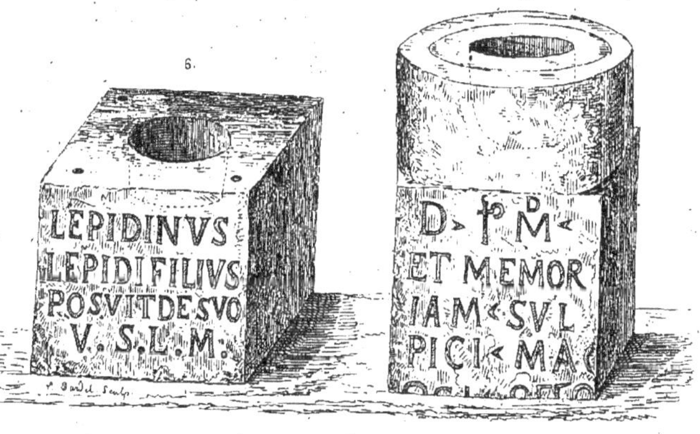

Imprimerie Impériale.

FOUILLES DU MAMELON NÉGRIER.

Plan.

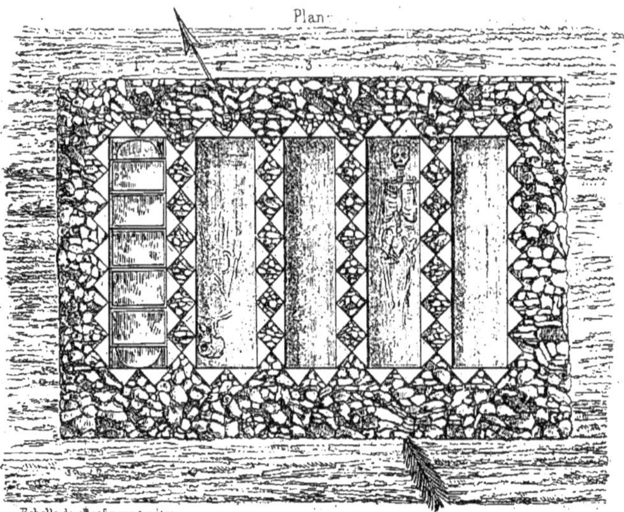

Echelle de 0^m 02^c pour 1 mètre.

Détails.

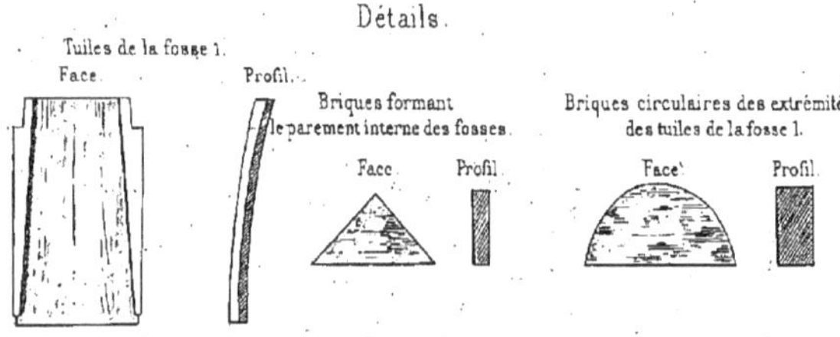

Coupe transversale.

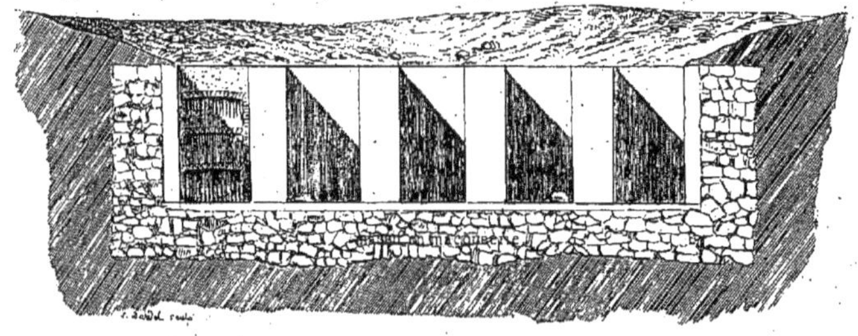

Imprimerie Impériale.

FOUILLES DU MAMELON NÉGRIER.

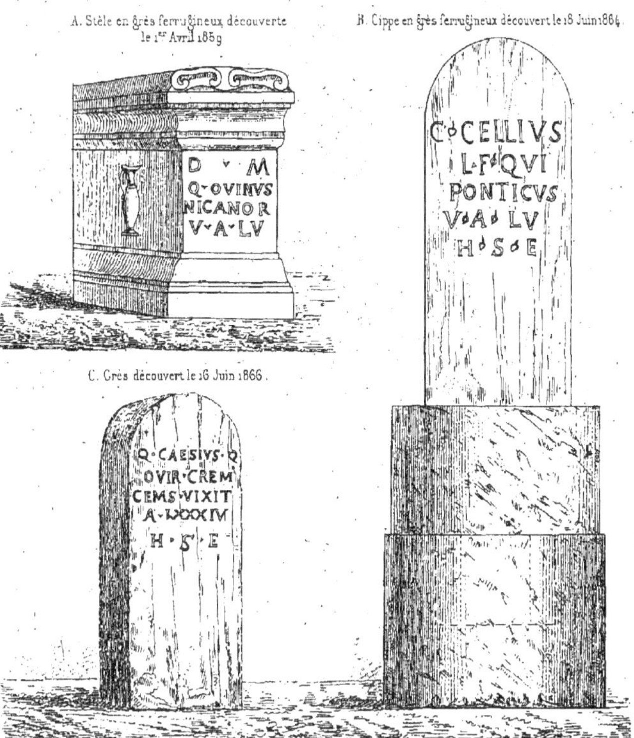

Échelle de 0ᵐ o5 pour 1 mètre.

Imprimerie Impériale.

JETONS EN PLOMB DES ARCHEVÊQUES DE LYON.

Laugier et Steyert del.   Dardel sculp.

Imprimerie Impériale.

JETONS EN PLOMB DES ARCHEVÉQUES DE LYON.

Imprimerie Impériale.

Réduction au 12me

d'une Inscription antique du Musée de Nimes

C·ANDOLATIVS
NEMAVSO·V·S·L·M
L. Dardel sculp

Échelle de 3 pieds romains
Échelle métrique
0m889

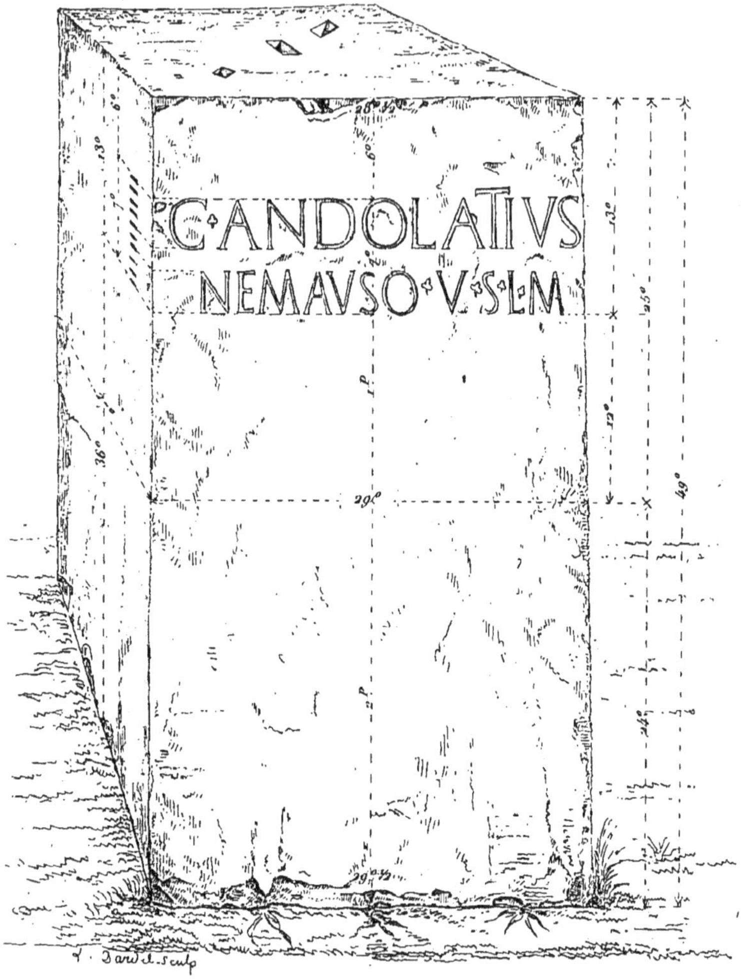

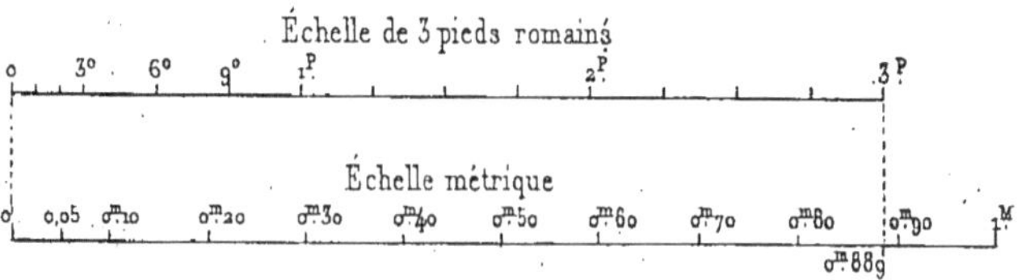